# Oswoić narkomana

# Oswoić narkomana

Robert Rutkowski
w rozmowie
z Ireną A. Stanisławską

MUZA

Projekt okładki: *Paweł Panczakiewicz/Panczakiewicz Art.Design*
Redaktor prowadzący: *Bożena Zasieczna*
Redakcja techniczna: *Sylwia Rogowska-Kusz*
Korekta: *Danuta Kownacka*



ISBN 978-83-287-0272-1

MUZA SA
Wydanie I
Warszawa 2018

# 1 Pierwszy strzał

Kiedy w twoim gabinecie zjawia się pacjent, jakie pierwsze pytanie zadajesz?

Najpierw dziękuję pacjentowi za zaufanie, że zdecydował się obcemu facetowi powierzyć kawałek siebie – i to tę część siebie, która boli – a dopiero później pytam, z jakim problemem przychodzi.

A co spowodowało, że zdecydowałeś się powierzyć kawałek siebie nie tylko mnie, lecz także czytelnikom?

Mając 51 lat, można się już pokusić o pewien dystans do przeszłości. W swoim życiu sporo przeszedłem. Doświadczyłem wielu sytuacji, które mogły mnie zniszczyć. Jednak tak się nie stało. Udało mi się pozostać, trwać. A na dodatek udało mi się zostać szczęśliwym, spełnionym człowiekiem. Jest takie powiedzenie: „Uratować jednego człowieka – to uratować całą ludzkość". Nie mam poczucia misji, żeby ratować całą ludzkość, jednak jeśli choć jeden człowiek zmieni się dzięki mojej historii, to warto tę książkę napisać. Mnie też kiedyś pomogła czyjaś historia, dzięki której zrozumiałem i poczułem, że zmiana jest możliwa. A byłem naprawdę mocno poturbowany przez życie.

Sięgnąłem po narkotyki, mając 18 lat. Moja historia to zaprzeczenie wszystkiego, co współcześnie mówi się o narkotykach: że najpierw branie rekreacyjne, popalanie marihuany, a dopiero potem ewentualnie coś mocniejszego. Sam od razu wpadłem pod pędzący pociąg towarowy, i to z naprawdę dobrym towarem, bo z heroiną. To był pierwszy narkotyk, jaki poznałem – jeden z najsilniejszych narkotyków na Ziemi.

Wziąłeś z ciekawości?

Z bezsilności, z rozpaczy, ale również z ciekawości. Bardzo doskwierało mi życie. Brakowało mi bezwarunkowej akceptacji mojego ojca, który nie umiał okazać, że jestem dla niego ważny. Nie mogłem zrozumieć, dlaczego skoro jestem owocem miłości, moja matka i mój ojciec tak się nienawidzą. Żyłem w ciągłym napięciu, między jedną awanturą a drugą. Z zerowym poczuciem bezpieczeństwa. Chociaż nie mogę powiedzieć, że ojciec kompletnie się mną nie interesował. Zabierał mnie na wakacje, na wczasy do Szklarskiej Poręby czy Dusznik-Zdroju. Zabierał mnie, bo ułatwiałem mu „branie". Był uzależniony od „polowania" – zdobywania kolejnych kobiet. A wiele kobiet interesowało się ślicznym, małym chłopczykiem...

Mam z tamtego okresu strasznie bolesne wspomnienie. Miałem wtedy osiem albo dziewięć lat, byłem bardzo ładnym blondaskiem. Któregoś dnia późnym wieczorem obudziły mnie odgłosy dochodzące z sąsiedniego pokoju. Myślałem, że komuś dzieje się krzywda, ale byłem tak przerażony, że nie mogłem się poruszyć. A rano z tego pokoju wyszedł tatuś z panią, która dzień wcześniej zaczepiła nas na ulicy, proponując mi udział w sesjach zdjęciowych dziecięcej mody. Pamiętam jak dziś paraliżującą myśl: „Co z mamą? Jest w Warszawie. Sama!". I ogromne poczucie winy, że to ja odpowiadam za romans ojca. Że to się zaczęło przeze mnie. Oczywiście mogę to wyartykułować teraz, z pozycji dorosłego, bo jako dziecko wyczuwałem zagrożenie tylko instynktownie.

Z perspektywy czasu myślę, że ojciec bardzo mnie kochał. I na swój sposób kochał moją mamę. Dowodem może być fakt, że rodzice trzy razy się rozwodzili, a cztery razy brali ślub. Ostatni raz pobrali się w 2005 roku, na dwa miesiące przed śmiercią taty. W naszym domu nigdy nie było przemocy fizycznej, ale ojciec nie radził sobie z hormonami, nie potrafił być wierny. I był „zdobywcą" aż do śmierci. Pomieszkiwał u różnych kobiet, ale nie umiał się uwolnić od mojej matki. Czy te kobiety nie spełniały jego oczekiwań? Czy to był pragmatyzm? W każdym razie – wracał. Na chwilę. Po czym znowu gdzieś go gnało. Więc mojej mamie nie pozostało nic innego, jak przyjąć rolę matki samotnie wychowującej syna.

Dużo dzieci żyje w rozbitych, toksycznych rodzinach, jednak nie wszystkie sięgają po narkotyki.

Można żyć w takiej rodzinie, a mimo to być świetnie wyposażonym w tarczę ochronną. Teoretycznie ja też taką miałem – sport. Moja mama, nauczycielka nauczania początkowego, była mądrą matką. Niezawłaszczającą. Robiła wszystko, żeby mi ten brak ojca (a tym samym męskiego wzorca) wypełnić. Takim zapełniaczem był sport. Kiedy miałem 11 lat, załatwiła mi możliwość trenowania szermierki w Klubie Sportowym Warszawianka. Jeździłem tam na treningi kilka razy w tygodniu przez ponad rok. Kiedy wystrzeliłem w górę (w siódmej klasie podstawówki miałem 193 cm wzrostu), matka przez swoje koneksje zdobyła namiary na trenerkę Romualdę Olesiewicz, swego czasu najlepszą polską koszykarkę, która prowadziła drużynę juniorów w Akademickim Związku Sportowym Akademii Wychowania Fizycznego w Warszawie.

Pamiętam swój pierwszy trening, kiedy dostałem piłkę i kompletnie zielony ćwiczyłem podstawy gdzieś w kącie sali, a chłopcy z zespołu, którzy trenowali od dwóch do pięciu lat, patrzyli na mnie z góry. Ale trwało to niedługo, bo kiedy minęło pół roku, byłem już jednym z pięciu najlepszych zawodników. A potem bardzo szybko znalazłem się w polskiej reprezentacji juniorów. Zacząłem karierę koszykarską na wysokim poziomie. Gdy miałem 16 lat, zadecydowano, że mam grać w II lidze seniorów.

Lepszej tarczy ochronnej chyba nie można sobie wymarzyć?

Tak, kiedy patrzysz na to z boku. Bo do wszystkiego trzeba dojrzeć. Choć na poziomie umiejętności dorastałem do starszych zawodników (mówiąc nieskromnie – wielu z nich przerosłem), to mentalnie byłem gówniarzem. Chłopcem, któremu zaczęły buzować hormony.

Wśród moich rówieśników wyróżniałem się wzrostem i urodą. Inicjację seksualną przeżyłem w wieku 16 lat, w trakcie powrotu z turnieju koszykówki w Pradze czeskiej, w pociągu. Moją pierwszą partnerką była Anna. Pani doktor z Częstochowy. Lat 36. Wtedy poznałem coś, co nawet trudno nazwać seksem. Ale moje hormony mocno się uaktywniły. Być może dlatego niedługo później zakochałem się po uszy w dziewczynie dużo ode mnie starszej, na dodatek mężatce. Przeżywałem jakąś absurdalną, platoniczną miłość. Przestałem chodzić na treningi. Więc trener mnie wezwał i zapytał: „Co jest grane?". Wcześniej nikomu nie przyznałem się do relacji z tą kobietą. Wstydziłem się. Ta tajemnica ciążyła mi jednak tak bardzo, że potraktowałem trenera jak spowiednika. A co on zrobił? Wygadał wszystkim zawodnikom! Wyobrażasz sobie, że zjawiasz się na treningu, a cały zespół wyśmiewa się z ciebie: „Te, Romeo!". Potworna trauma. Nigdy wcześniej nie czułem się tak oszukany i upokorzony! Zrozumiałem, że tajemnic nie powierza się nieodpowiednim ludziom. Tylko skąd mogłem wiedzieć, że mój trener, mentor, jest jednym z nich?!

Rozstałem się z tą kobietą, dalej grałem, wyjeżdżałem na zgrupowania kadry. Bo chociaż potwornie zawiodłem się na trenerze, granie w kosza było odskocznią od beznadziejnej, znienawidzonej szkoły.

Miałeś problemy z nauką?

Byłem bardzo dobrym uczniem. Podstawówkę skończyłem z czerwonym paskiem. Ale kiedy przyszło do wyboru szkoły średniej, włączył się ojciec – inżynier i pragmatyk. I chociaż byłem stuprocentowym humanistą (klejenie modeli latających nie było moją pasją), zadecydował, że najlepsze będzie technikum. Wybór padł na najlepsze w Warszawie Technikum Elektroniczno-Mechaniczne im. Marcina Kasprzaka. Dzień, w którym się do niego dostałem, mogę uznać za jeden z najgorszych w moim życiu. Ta szkoła to była dla mnie absolutna makabra! Musiałem się uczyć rzeczy, których kompletnie nie rozumiałem: chemii, fizyki, przedmiotów technicznych. Miałem ogromne problemy z ich zrozumieniem. A do tego trzy czwarte pracujących tam nauczycieli nie miało wykształcenia pedagogicznego. Byli to inżynierowie, a często nawet zwykli majstrowie z Zakładów Radiowych im. Kasprzaka, którzy wykładali przedmioty techniczne, mimo że byli totalnymi ignorantami, jeśli chodzi o podejście do młodego człowieka. Stosowali zamordyzm (dziwne, że nie przemoc fizyczną – pasowałaby jak ulał do kontekstu wizualnego, bo budynek szkoły przypominał zakład karny). To był dla mnie koszmar.

Znalazłem się w miejscu, którego nienawidziłem. W więzieniu.

Sport nie był wentylem?

Był. Tylko nie dało się pogodzić sportu na wysokim poziomie z tą beznadziejną szkołą. Chociaż w trakcie meczu reprezentacji szkoły zdobywałem 100 punktów, gdy wygrywaliśmy np. 120 do 30, nie dawano mi najmniejszej taryfy ulgowej. Byłem fantastycznym sportowcem, ale niestety nauczyciele i dyrekcja nie traktowali sportowców tak, jak by mogli. Moje wyjazdy na mecze reprezentacji Polski były dla nich dopustem.

W tej szkole, w mojej klasie poznałem Irka Krynickiego. Nosił długie włosy, poszarpane dżinsy. Słuchał innej muzyki. Był hippisem. (Już nie żyje. Popełnił samobójstwo, gdy się dowiedział, że z powodu brania heroiny ma HIV). Zakumplowaliśmy się. Ja, w białym sweterku w serek, w juniorkach, z dobrego domu, nagle zetknąłem się z innym światem – światem kontestacji i buntu. Irek już wtedy miał skonkretyzowane zainteresowania. To była marihuana, a jak się później okazało, również polska heroina. Tylko wtedy nie ciągnęło mnie do narkotyków, trochę się ich bałem.

Pierwszą klasę skończyłem w bólach. Korepetycje, cuda-wianki... Skończyłem drugą – z jeszcze większymi problemami. Zaczęła się klasa trzecia. Nadal byłem grzeczny. Nadal uprawiałem koszykówkę. Nadal byłem uczniem. I nadal się przyjaźniłem z Irkiem.

Słuchaliśmy King Crimson, Yes, Johna Lennona. Ściągi na klasówki pisaliśmy w Akwarium – nieistniejącym już, pierwszym i bardzo znanym klubie jazzowym w Polsce, niedaleko mojej szkoły. Irek mi pokazał, że można się wkurwić na świat. I być bardzo wesołym. A ja byłem wtedy strasznie smutnym człowiekiem. Strasznie nieszczęśliwym.

Chyba największym tąpnięciem w moim życiu było zawalenie matematyki. Przez to nie otrzymałem promocji do czwartej klasy. Dostałem poprawkę. Niby nic strasznego. Świat się na tym nie kończy. Tylko że akurat miałem zgrupowanie w Centralnym Ośrodku Sportu w Zakopanem. Jeździłem tam z seniorami z II ligi. A treningi z nimi zawsze były dla mnie bardzo obciążające, ponieważ ci faceci mnie nienawidzili.

Dlaczego?

Bo miałem 16 lat, gdy trafiłem do tej dorosłej drużyny, a oni mieli po 28, 32, 33 lata. Byłem dla nich zagrożeniem. Mogłem ich wygryźć. Tak jest w każdym klubie. O tym się mało mówi, mało pisze, ale to jest jak fala w wojsku, tylko wywołana poczuciem zagrożenia ze strony starych zawodników. Niby jesteśmy drużyną, ale kiedy mieliśmy jechać do Stanów, to jakoś tak bardzo niefartownie złapałem kontuzję w dziwnym tłoku pod koszem.

Byłem więc na zgrupowaniu, obłożony książkami do matematyki. Ale miałem ze sobą też *Narkotyki.*

*Niemyte dusze* Witkacego, które czytałem zdecydowanie chętniej. Byłem już po paru fajnych lekturach: *Wstępie do psychoanalizy* Freuda, *Stu latach samotności* Marqueza, *Mistrzu i Małgorzacie* Bułhakowa. Fascynował mnie teatr Szajny w warszawskim teatrze Studio, do którego regularnie chodziłem na premiery. Interesowało mnie wszystko, co dziwne, przepoczwarzone, surrealistyczne. Świat rzeczywisty był dla mnie tak przykry, nawet bolesny, a coraz częściej aż nieznośny. Na zgrupowaniu w Zakopcu był Jarek Nowik – starszy ode mnie o kilka lat kolega z drużyny koszykówki warszawskiego AZS AWF. Narkoman. To miała być dla Jarka terapia, wyciąganie z nałogu. Tylko trener nie wiedział, że narkoman zaraża społecznie, że narkoman lubi tonąć w grupie. Jarek miał w dupie wychodzenie z nałogu. Przyjechał na obóz zaopatrzony we wszystkie akcesoria potrzebne do wyprodukowania polskiego kompotu. Miał tzw. waciki, czyli zwykłą watę nasączoną polską heroiną, którą można było przez jakiś czas tak przechowywać, a później w bardzo prosty sposób, w całkowicie amatorskich warunkach wyprodukować z niej świetnej jakości towar. I Jarek tak zrobił. A ponieważ znaleźliśmy wspólny język na temat muzyki, kontestacji i paru innych rzeczy, byłem idealnym kandydatem, żeby spróbować. Gdy w ’81 roku w Zakopanem zdecydowałem się na pierwszy strzał polskiej heroiny, tak naprawdę przeżyłem swój pierwszy w życiu orgazm. Ten strzał heroiny był sto razy przyjemniejszy od pierwszych orgazmów związanych z seksem.

Nikt ci nie mówił, że narkotyki uzależniają?

Nie. Wtedy nie istniała żadna profilaktyka. Nie było przekazu, że narkotyki są złe. Poza tym, gdy człowiek wjeżdża na wygodną autostradę, to nie zakłada, że za 100 kilometrów wyląduje w rowie i będą go reanimować. Dlaczego wziąłem? Bo to był zawodnik z drużyny. To była krew z krwi. A nie zrobiłem tego z kolegą z klasy, z którym sympatyzowałem.

On też ci proponował?

Proponowanie narkotyków nie odbywa się na zasadzie „masz, weź", tylko na pokazaniu komuś zdeptanemu przez życie, jak rewelacyjnie można się poczuć pod wpływem jakiejś substancji. Ta gotowość do wzięcia jest wynikiem pewnego procesu. Wyobrażasz sobie, co musiało się dziać w mojej głowie, skoro przełamałem się do użycia igły?!

Na widok krwi mdlejesz?

Nie. Ale przecież wkłucie w żyłę nie jest przyjemne. To ingerencja w strukturę twojego ciała. A ja to zrobiłem.

Ten facet ci imponował?

On tak naprawdę był narzędziem. Pasem transmisyjnym. Ja byłem genialnie przygotowany do brania narkotyków. Niestety, młody człowiek nie ma wyobraźni. Nie przewiduje sekwencji zdarzeń. W momencie gdy coś nie trybi (nie układa się w domu, nie idzie w szkole), gdy spotykam się z nienawiścią w drużynie i zachowaniami, które ze sportem nie mają wiele wspólnego – następuje zniechęcenie. Konfrontacja z syfem tego świata spowodowała totalny bunt. To młodzieńcze wkurwienie się jest zresztą wpisane w fazę rozwoju każdego człowieka, jest niezbędne do określenia swojego miejsca w życiu. Więc bunt może być twórczy, pod warunkiem że nie skanalizujemy go w działania destrukcyjne. A takim ewidentnie destrukcyjnym działaniem są narkotyki. Mnie się po prostu wszystko zaczęło pięknie komponować w całość. Skoro Witkacy mógł eksperymentować, to dlaczego nie ja? Skoro po narkotykach można się dobrze poczuć, to dlaczego nie mam tego doświadczyć? Zerowa wiedza o negatywnych konsekwencjach brania, fascynacja odmiennością, młodzieńczy bunt, ból istnienia, zmęczenie fizyczne nadmiarowym, ciężkim treningiem wyczynowym – to wszystko spowodowało samozapłon tkwiącego we mnie podskórnie narkomana. Cały ten kontekst zadziałał w połączeniu różnorakich czynników, które oddzielnie być może nie uruchomiłyby procesu destrukcji. Można powiedzieć, że to tak jak z wynalazkami. Albert Hofman odkrył LSD przypadkiem, gdy połączyły mu się pewne składniki. Niektóre sytuacje w naszym życiu są kompletnie obojętne, aż w pewnym momencie zaiskrzy. Nagle uświadomiłem sobie: „To jest droga, którą chcę dalej pójść". Liczyło się tylko tu i teraz. Co było na końcu drogi, już mnie nie obchodziło.

Zrobiliście to w toalecie?

Skąd! To się odbyło bardzo kulturalnie, w pokoju. W toalecie Jarek wytwarzał, obrabiał chemicznie sam towar, bo powstawał przy tym olbrzymi smród. To były chemikalia, więc musiała być wentylacja.

On wbił ci igłę?

Tak. On zrobił mi pierwszy zastrzyk. Heroina działa w sposób nieprawdopodobny, że zacytuję Witkacego z *Narkotyków. Niemytych dusz*: „Znika całe zło". Momentalnie. Heroina nie jest halucynogenna. Jest narkotykiem znoszącym całkowicie napięcie tkwiące w naszym organizmie.

Poczułeś się, jakbyś fruwał nad ziemią? Lekkość?

Poczułem rozkosz. Ta dawka była umiejętnie podana, ponieważ nie była za duża. Nie skończyło się torsjami. A tak z reguły kończy się pierwszy strzał. I chwała za to. W ten sposób heroina mówi: „Zapraszam cię do mojego świata, ale jednocześnie ostrzegam". Torsje są właśnie takim sygnałem ostrzegawczym. Buntem organizmu.

Długo czułeś tę rozkosz?

Cały dzień. Heroina trzyma przez sześć–siedem godzin.

Poszedłeś na trening?

W tym dniu nie było treningu. Poszliśmy z Jarkiem na długi spacer po Zakopanem i upajaliśmy się swoim błogostanem. Upajaliśmy się rozkoszą, która rozpłynęła się w naszych żyłach jak gorąca czekolada.

Pokochałeś wszystkich ludzi?

Kochałem wszystkich ludzi. A przede wszystkim siebie. Zakompleksionego, słabego z powodu braku akceptacji wiecznie nieobecnego ojca. Wszystkie moje problemy i rozterki zniknęły jak za dotknięciem czarodziejskiej różdżki. Zniknęła cała bolesna rzeczywistość. Dostałem skrzydeł! To było wręcz mistyczne doznanie.

Podobne do oświecenia. Stanu wszechogarniającego spokoju, akceptacji, miłości.

Tak. Tylko stan, w którym byłem, różni się od oświecenia tym, że trwa tak długo, jak długo działa narkotyk. Na stan oświecenia ma wpływ nasza świadomość. Możemy nim zarządzać i go podtrzymywać. W wypadku narkotyku, aby ten stan podtrzymać, potrzebna jest kolejna iniekcja. Ale najpierw musimy wylądować w rzeczywistości.

I jak twoje lądowanie wyglądało?

Zacząłem postrzegać świat intensywniej niż przed strzałem. Zdecydowanie bardziej mnie uwierał. Bardziej bolało.

Już przyszła myśl, aby znowu wziąć?

To było tak niebotycznie silne doznanie, że tylko szaleniec nie chciałby tego powtórzyć! Wyobraź sobie pustynię, upał 50 stopni i ktoś podaje ci szklankę wody. Nie napijesz się? Na tym polega potworność działania heroiny. Są tacy, którzy twierdzą, że heroina uzależnia już za pierwszym razem. Ja tego doświadczyłem. Żaden narkotyk nie uzależnia tak jak ona.

Ale gdybyś dostał normalną dawkę i wymiotował, to...

Być może bym się zniechęcił.

Więc nie można powiedzieć, że heroina uzależnia za pierwszym razem.

Można, dlatego że następuje silne „zagotowanie endorfin", czyli euforia podobna do orgazmu, nawet wtedy, gdy się porzygasz. Następuje takie tąpnięcie w głowie – wtedy jeszcze nieuświadomione – że nigdy nie zapomnisz tego pierwszego razu. I dlatego prawie zawsze to powtórzysz, choćby po to, aby sprawdzić, dlaczego ten pierwszy raz był kiepski. Naprawdę szczęście mają ci, którym fizyczność zniweluje te przyjemne doznania reakcją żołądka na opiaty. Dzięki temu zaoszczędzą kilka lub kilkanaście lat swojego życia, jeśli oczywiście przetrwają ten „romans z egzotyczną dziewczyną o imieniu Heroina", jak śpiewa Maciej Maleńczuk w piosence *Jestem sam*: „Poznałem egzotyczną dziewczynę. Piękna była to dziewczyna. Miała na imię Heroina. Leciałem. Leciałem. Leciałem..."

Nie rozumiem, po co brać drugi raz, skoro odczucia po pierwszym są fatalne?

Bo wszyscy mówią, że jest cudownie! Bo czytali Witkacego, Williama S. Burroughsa, bo Bułhakow w *Morfiniście* opisuje odczucia morfinisty jako niebywały odlot (a morfina jest 10 razy słabsza od heroiny). Więc nie wierzą, że to może być tak kiepskie doznanie.

A jak wezmą dużą dawkę i znów będą wymiotować?

Za drugim razem już nie. Powiem tak: generalnie nawet normalna dawka wywołuje torsje, ale już za drugim razem daje wyłącznie euforię. Ja dostałem słabszą dawkę. Jakby niezgodnie z zasadami.

Mam koncepcję. Ktoś, kto zaczyna kombinować: „Co prawda ja się czuję fatalnie, ale przecież wszyscy inni mówią, że jest tak fajnie, więc muszą mieć rację", spróbuje jeszcze raz. Natomiast ktoś, kto ma wysokie poczucie własnej wartości, drugi raz nie weźmie.

Mówienie o tym, że ludzie biorą z ciekawości, jest jak najbardziej słuszne. Ale jeżeli działają wszystkie czynniki ochronne, czyli funkcjonują wszystkie systemy, blokady w naszym życiu: miłość rodziców, ich akceptacja, poczucie bezpieczeństwa w domu, harmonia w życiu, dobre relacje w szkole, fajna grupa rówieśnicza, to gdy np. na obozie żeglarskim pojawi się ktoś, kto powie: „Spróbuj!", i włączy się nam ciekawość, to po jej zaspokojeniu wcale nie musi się uruchomić proces, że chcę wziąć po raz drugi.

Chyba że doświadczysz euforii.

Ale nawet wtedy, gdy jej doświadczysz, ciekawość została zaspokojona. Już nie szukasz dalej. Bo ci to nic nie załatwia.

Bo jest tylko trochę fajniej niż na co dzień?

Jest inaczej fajnie. Mało tego – jest chemicznie fajnie. Dlaczego, gdy zaproponowałem ci lekarstwo na katar, który ci dokuczał w czasie rozmowy, żachnęłaś się: „Przecież to chemia!". Ty masz przed nią blokadę. I ona chroni cię przed narkotykami. Dużo ludzi ją ma. I zdecydowanie więcej młodych ludzi niż kiedyś. Bo rozumieją, że chemia, nawet tzw. lecznicza, może wywołać bardzo dużo negatywnych zmian w organizmie. Jest strach. We mnie strachu nie było. Nie było instynktu samozachowawczego.

William Burroughs – autor *Ćpuna* – napisał zdanie, które zrozumiałem dopiero wtedy, kiedy sam wziąłem: „Heroina wchodzi na poziom komórkowy". Staje się ona częścią reakcji komórkowych. Staje się częścią ciebie. Nie możesz bez niej funkcjonować. To jest naprawdę wejście w metabolizm. Endorfiny mają identyczny skład chemiczny z heroiną.

Ten pierwszy strzał był jak orgazm. I podobnie jak chłopcy zakochują się w przygodnie poznanej kobiecie czy dziewczynie, z którą przeżyli swój pierwszy seks (co nie ma nic wspólnego z miłością, bo to po prostu buzują hormony), tak ja zakochałem się w heroinie. Wielu heroinistów deklaruje, że iniekcja heroiny jest dużo przyjemniejsza od seksu.

Spróbowałem i odleciałem. Można powiedzieć, że umarłem ja ten wcześniejszy – zakompleksiony, nieśmiały, niemający poczucia swojej wartości. Nie mogłem już zapomnieć o tej niezwykłej kochance.

A przecież teoretycznie sport powinien mnie wyposażyć w umiejętności pozwalające stawić czoło bólowi istnienia. Nie zrobił tego. Nie ochronił mnie przed wejściem w narkotyki.

A co z drugim strzałem? Też razem z Jarkiem, na zgrupowaniu?

Nie. Jarek zdążył mi podać tylko raz. Ktoś poczuł ten smród gotowania wacików i wywalili go z obozu. Niestety padło podejrzenie, że też mogę brać.

Z Zakopanego pojechałem na drugi obóz sportowy do Limanowej, tym razem z rówieśnikami. Przeżyłem na nim jakieś doświadczenia seksualne z dużo starszą od siebie trenerką drużyny żeńskiej, która tam przebywała. Kompletnie nie myślałem o narkotykach – w głowie miałem tylko seks. Byłem z dala od szarej, smutnej Warszawy, z dala od szkoły, ciężkiej atmosfery domowej, więc wróciłem na właściwe tory, czyli do myślenia osiemnastolatka o seksie, a nie o narkotykach, które już, niestety, gdzieś w mojej głowie sobie wymościły gniazdko. Na razie weszły w sferę podprogową. Nie były jeszcze dominujące w moim życiu.

To były czasy, gdy w sklepach ciężko było cokolwiek kupić. Mama przysłała mi w paczce proszek do prania. W foliowej torebce. Trenerzy uznali, że to są narkotyki. Wybuchła wielka afera. I chociaż wszystko się wyjaśniło, jednak zostałem nastygmatyzowany jako narkoman. Choć jeszcze nim nie byłem.

# 2 Rubikon

Wróciłeś do Warszawy. Co z poprawką z matematyki?

Po tym wszystkim, co się działo na obozach sportowych, o poprawce z matematyki za dużo nie myślałem. No, ale trochę się uczyłem... Na egzaminie rozwiązałem dwa na trzy zadania. Byłem przeświadczony, że to za mało, aby otrzymać zaliczenie. Nie poczekałem na wyniki, tylko wkurzony wybiegłem ze szkoły. (Później się dowiedziałem, że nauczycielka chciała zadać mi jedno proste pytanie dodatkowe i zaliczyć poprawkę). Finał był taki, że nie zdałem do czwartej klasy. Znalazłem się wśród nowych, obcych ludzi. To już była katastrofa! To jakby gościa, który przesiedział za kratami 10 lat, przenieść do innego więzienia i powiedzieć, że zmieniono mu wyrok na dożywocie. W technikum czułem się jak więzień. Nie wyobrażałem sobie, co będzie dalej. Żyłem dniem dzisiejszym. Bez żadnych planów, coraz bardziej sfrustrowany, coraz bardziej zniechęcony. Nadal uprawiałem sport, chodziłem na treningi, ale gdzieś ten heroinowy osad w głowie zaczynał pulsować.

Jednak nie byłem zdeterminowany, żeby powtórzyć seans z Zakopanego. Myślałem, że może byłoby fajnie, lecz nie miałem obok siebie ludzi z tej branży, a z Jarkiem nie miałem kontaktu. Więc pomimo inicjacji jeszcze nie byłem gotów na wejście w otchłań zła.

Traf chciał, że któregoś dnia, idąc wzdłuż Domów Towarowych Centrum, wpadłem przypadkiem na Jarka Nowika. (Wtedy jeszcze nie wiedziałem, że jest to miejsce, gdzie spotykają się narkomani – tak zwany bajzel). Obok Jarka stała dziewczyna. Gdyby to była scena z filmu, powinna wyglądać tak: przestajemy słyszeć rozmowy wokół, zaczyna grać muzyka, my patrzymy na siebie, a wszystko się dzieje w zwolnionym tempie. Po prostu to było jak drugi strzał heroiny w moim życiu! Miała na imię Iza. Była starsza ode mnie o dwa lata. Zaczęliśmy się spotykać. Zakochałem się po uszy.

A ona?

A ona była heroinistką. Ćpunką, która przychodziła tam po towar. Więc co sobie wymyśliłem? Że ją uratuję! Że ją uleczę!

I jak się do tego zabrałeś?

Chodziłem za nią, szukałem jej, wyciągałem ją z różnych miejsc. Dla mnie ten świat był obcy, inny, ale nie kojarzyłem go z czymś złym. Natomiast ona już wiedziała, że to bagno. Chciała z narkotykami skończyć. Ja wtedy jeszcze nie brałem. Co pokazuje, że po pierwszym razie nie byłem uzależniony. Doświadczyłem tego niesamowitego stanu po heroinie, jednak gdzieś w mojej głowie tkwiła myśl, że to może być niebezpieczne. Nie byłem idiotą. Byłem kumatym, niegłupim gościem o dość wysokim IQ.

Pamiętam, jak pierwszy raz przyprowadziłem Izę do naszego domu. Mama przygotowała obiad. Było bardzo gorąco. Iza miała bluzkę z długimi rękawami, a całe dłonie strasznie pobandażowane i poklejone plastrami. Bo tam robiła zastrzyki. Miała niesamowite ścieżki, czyli ślady po zastrzykach. W żyły na przedramionach już nie mogła się wkłuć.

Twoją mamę nie zdziwił jej wygląd?

No, śmiesznie wyglądająca, zbuntowana, piękna, długowłosa dziewczyna. Ale mama niczego nie podejrzewała. Nie przeczuwała żadnego zagrożenia. Zresztą Iza niechętnie do nas przychodziła, bo to był dla niej obcy świat.

Kiedyś jej koleżanka spytała mnie: „Czy masz dość sił, żeby zrobić to, co planujesz? Bo to jest niemożliwe. Jesteś za mały. Nie wiesz, z czym walczysz!”. Wkurzyłem się: „Ja za mały?! To ja wam wszystkim pokażę!”. Byłem sportowcem znającym uczucie sportowego wkurzenia, skanalizowanego na osiągnięcie celu.

I nadszedł dzień, kiedy umówiłem się z Izą na spotkanie, a ona nie przyszła. Było późno, padał deszcz. Przerażony biegałem po ulicach, pytałem narkomanów, czy jej nie widzieli. W końcu ją znalazłem.

Niemiłosiernie naćpaną. I wtedy podała mi swoją strzykawkę, w której jeszcze coś zostało. Powiedziała: „Masz. Spróbuj. Znasz już to i wiem, że za tym tęsknisz". Zdrętwiałem cały... Trudno było odmówić.

Bo ukochanej się nie odmawia?

Bo chciałem z nią być. Żeby uratować osobę tonącą w jeziorze, trzeba do niego wskoczyć. Tak sobie to wyobrażałem. Nie mogłem jej ratować, stojąc na mostku kapitańskim i wydając komendy. Poza tym miałem fundament, który powstał parę miesięcy wcześniej, czyli seans w Zakopanem. I popłynąłem. Popłynęliśmy razem. Odtąd zacząłem podćpywać, czyli brać raz na jakiś czas. Sądziłem, że to takie sportowe branie, które można w każdej chwili przerwać. Jak widać, już działał mechanizm iluzji i zaprzeczeń, czyli narkomański standard samooszukiwania. Tonąłem, choć jeszcze o tym nie wiedziałem.

No to jak chciałeś wyciągnąć Izę z narkotyków?!

Zakochanie to stan odurzenia. Wytwarzają się oksytocyna i fenyloetyloamina, które są hormonami szczęścia. Byłem pod wpływem chemii mózgu. Na logikę nie było już miejsca. Poza tym nie miałem żadnej wiedzy na temat uzależnienia, czym jest potęga uzależnienia... Ja nawet nie wiedziałem, że ludzie w moim najbliższym kręgu są uzależnieni! Świat narkomanów dzielił się wtedy, podobnie jak świat ludzi pijących alkohol, na dobrych i złych: są dobrzy pijący alkohol i są źli pijący alkohol; są ludzie, którzy piją w sposób kontrolowany, i ci, którzy picia nie kontrolują, więc stają się menelami. O dziwo, można tak myśleć, używając iniekcyjnie heroiny! Poznałem wielu cudownych ludzi w tym środowisku: muzyków, wspaniałych malarzy, którzy po prostu mieli taką przypadłość, że lubili przeżyć odmienne stany świadomości. Więc wydawało mi się, że należę do elity, że jestem z innej gliny. A Iza? Byłem w niej zakochany. To był mój trzeci seks w życiu, ale pierwsza prawdziwa chemia mózgu. Więc skoro tak może być między kobietą a mężczyzną, to dlaczego nie chcieć tego na całe życie? We mnie nie było skurwysyństwa. Nie chciałem jej wykorzystać i porzucić. Byłem osiemnastoletnim, zakochanym po uszy facetem, który chciał z tą kobietą przeżyć życie, który nie miał ochoty dzielić się nią z jakimiś palantami.

Po prostu chciałeś ją mieć dla siebie.

No tak. Chociaż zdecydowanie lepiej brzmi, że chciałem być misjonarzem i wyciągnąć ją z uzależnienia. Prawda jest taka, że zaczęło mi dokuczać, kiedy wybierała tamto towarzystwo zamiast mojego. Byłem w niej zakochany jak szczeniak. Byłem zakochanym psem, który chce mieć swoją panią na wyłączność.

Zacząłeś brać. Często?

Skąd! Od czasu do czasu. Chodziłem do szkoły, miałem rodzinę, normalnych kolegów. To była zabawa. Ale to, jak się bawiłem, było moją słodką tajemnicą. Czułem, jakby dopuszczono mnie do misterium. Zło ciągnie. To zło było łaskoczące, przyjemne. Kompletnie nie zdawałem sobie sprawy z tego, jakie to niebezpieczne.

Spotykaliście się w sobotę i wszyscy dawaliście w żyłę?

Nie. Spotykaliśmy się na koncertach, chodziliśmy do kina... Narkotyki były gdzieś w tle. Fajnie było się naćpać, wejść w ten przyjemny stan i później razem coś robić (to tak jak teraz, jadąc na imprezę, wstępuje się po browara do sklepu).

My byliśmy lepsi. Byliśmy inni. My – artyści. Bo tam była cała banda naprawdę fajnych, ciekawych ludzi.

I ty, z tą swoją humanistyczną duszą, znalazłeś swoje miejsce.

Znalazłem swój świat. Trafiłem na podatny grunt, choć jedną nogą byłem jeszcze w świecie szkoły i sporadycznie, raz na dwa, trzy tygodnie, zagranych meczów. Najważniejsza była więź z Izą, którą coraz bardziej miałem dla siebie.

Niestety któregoś dnia przekroczyłem Rubikon, bo załatwiłem heroinę tylko dla siebie.

Dlaczego?

Żeby poprawić sobie nastrój. Żeby się lepiej poczuć.

Powiedziałeś, że pierwszy strzał wywołał stan euforii, spokoju, szczęścia. A jak wyglądał drugi, trzeci? Nie pojawił się głód?

Głód nie pojawia się od razu. Gdyby tak było, to nikt by się nie uzależniał. Świadomość głodu, tego, że jestem uzależniony, pojawia się dopiero po miesiącach albo po latach. Na początku jest odlot, niesamowite uniesienie, przeżycie. Do tego dochodzi jeszcze kontekst środowiskowy, czyli uzależnienie środowiskowe, branie w gronie znajomych, kumpli, w anturażu sytuacji przyjaznych. Nie na klatce schodowej. Myśmy do tego dobudowywali ideologię, oprawę, która była pewnym misterium. Myśmy się zaczytywali Carlosem Castanedą, Witkacym, Williamem Burroughsem, Albertem Hofmannem, różnymi opisami doświadczeń narkotykowych wielkich artystów. W tej zapyziałej warszawskiej rzeczywistości komunistycznej czuliśmy się wybrańcami. Zresztą na początku było po prostu fajnie. Była imprezka, bawiliśmy się, całowaliśmy, kontestowaliśmy. Chodziliśmy na koncerty. Narkotyki naprawdę nie były najważniejsze. Były kompletnie w tle. Więc dopiero po półtora roku albo dwóch latach uświadomiłem sobie, że częstotliwość tych seansów jest, niestety, coraz większa. Na początku brałem z Izą i jej znajomymi. Dzięki niej wchodziłem w ten półświatek, co *de facto* nobilitowało mnie we własnych oczach. Tak oswajałem się ze złem. Wszystko powoli zaczęło powszednieć, niczym w znanym stwierdzeniu Fryderyka Nietzschego:

„Jeśli długo patrzysz w otchłań, otchłań patrzy na ciebie".

W tamtych czasach nie było zbyt dużego wyboru: marihuana, wódka, polska heroina i amfetamina. Można było tylko mieszać substancje i zwiększać tolerancję, czyli zwiększać ilość spożywanego towaru, aby utrzymać się na odpowiednim poziomie haju.

Dlaczego nie brałeś amfetaminy?

Podczas jednej z imprez rozdano amfetaminę. Spróbowałem i nie spodobała mi się.

Bo?

Bo byłem typem osobowości predestynowanym do heroiny. Heroina jest środkiem euforyzującym, głaszczącym, utulającym, dającym haj, ale nie pobudzającym. A amfetamina jest środkiem psychostymulującym. Mój typ osobowości – bardziej ekstrawertyczny, bardziej ekspresyjny – lepiej konweniował z czymś wyciszającym. Lepiej się czułem wyciszony niż pobudzony. Natomiast introwertycy, ludzie wycofani, nieśmiali, bardziej odnajdowali się w psychostymulantach. Po prostu jeden narkotyk ci pasuje, a drugi nie.

A skąd miałeś pieniądze na heroinę?

Dlaczego pytasz o pieniądze?

Chyba nie rozdają narkotyków za darmo?

Narkotyki są bardzo tanie. Kosztują tyle co piwo, kanapka. A ja dostawałem kieszonkowe.

Przecież widzę na filmach, ile płacą za kokainę...

Mówisz o ludziach zaawansowanych w nałogu, którym tolerancja poszła w górę. Ale na to narkoman pracuje kilka lat. Na początku bierze się małe dawki. One kosztowały grosze. Ale teraz jest tak samo. Narkotyki są strasznie tanie. Na początku.

W tamtych latach problemem był zakup podstawowych produktów spożywczych, a z twojej opowieści można odnieść wrażenie, że narkotyki sprzedawano na każdym rogu!

Chodziłem za Izą i przy okazji dowiadywałem się, gdzie się kupuje towar. Polska heroina była produkowana pod strzechą. Ten proletariacki, przaśny, siermiężny narkotyk lat osiemdziesiątych był bardziej zaawansowaną formą niż narkotyki z grupy opiatów, dostępne w latach siedemdziesiątych. Polska była wtedy miejscem, gdzie od lat uzyskiwano opium z kropli żołądkowych dostępnych w każdej aptece. Były krople Inoziemcowa i tinctura opii simplex – wyciągi i nalewki z maku medycznego – i z tego domowym sposobem produkowano coś przypominającego heroinę, ale nie tak doskonałego. Polska heroina, bo o niej rozmawiamy, wymyślona w Gdańsku przez laureata olimpiady chemicznej, zrobiła furorę. Zainteresowały się nią całe masy młodych ludzi, ponieważ nazwa ta kojarzyła im się z Zachodem. Polska heroina była dużo wspanialsza od heroiny tzw. białej, dostępnej na Zachodzie.

W tamtych czasach w Warszawie narkotyki można było kupić w jednym miejscu – to był pasaż śródmiejski przy Domach Towarowych Centrum. Tutaj i w słynnej kawiarni Mokka spotykali się kontestujący rzeczywistość: punkowcy, hipisi, gitowcy – grupy, które ze sobą walczyły. Ale kiedy zjawiał się diler z towarem, podnosił rękę jak przewodnik wycieczki, a ci wszyscy nienawidzący się ludzie łączyli się w jednym celu – kupna dobrego towaru za naprawdę wtedy śmieszne pieniądze. I za dilerem szło czasami 40–50 osób: czupiradeł, gitowców, wytatuowanych więźniów. Kuriozalny widok.

Poznałem tam wielu ciekawych ludzi. Często były to osoby publiczne, dzieci polityków, muzycy... Poznałem kiedyś faceta, który był wykładowcą na jednej z warszawskich uczelni, który pisywał do „Fantastyki". Był panem koło pięćdziesiątki, który wpieprzył się w heroinę. I towarzyszył nam w czasie szukania towaru. Kiedyś robiłem transakcje z gościem, który miał dużą, świetnie prosperującą firmę. Mijaliśmy się przez kilka miesięcy, aż któregoś dnia dowiedziałem się, że przedawkował, straciwszy wcześniej cały majątek.

I cały czas, kiedy brałeś, chodziłeś zadowolony ze świata, cały czas byłeś w stanie euforii?

Kiedy byłem pod wpływem narkotyku – tak. Tylko że ten stan nie jest tak widoczny jak po alkoholu. Heroina działa w taki sposób, że lepiej oddychasz, lepiej widzisz, lepiej jesz. Fantastycznie działa na seks.

Niestety, w grudniu wylądowałem w szpitalu. Pomimo że wziąłem tylko kilkanaście razy, trafiłem na towar z żółtaczką.

W jaki sposób znalazłeś się w szpitalu?

Byłem osłabiony, zmienił mi się kolor moczu, miałem wymioty, kał koloru białego. Do tego potworny ból brzucha i 40 stopni gorączki. Dostałem skierowanie od lekarza, żeby natychmiast przyjęto mnie do szpitala przy Wolskiej. Wylądowałem na oddziale zakaźnym.

Oczywiście nie powiedziałem, że biorę heroinę. Bo ja nawet tego ze sobą nie łączyłem. Długo myślałem, że to rzeczywiście żółtaczka pokarmowa. Zresztą tak mi powiedziano w szpitalu – że pewnie zaraziłem się żółtaczką pokarmową na stołówce.

Wtedy – ku wielkiemu zdziwieniu – na Wolskiej spotkałem znajomych z bajzla. Okazało się, że cała masa tych ludzi zarażała się wzajemnie brudną strzykawką. Bo sprzedawanie tego narkotyku polegało na tym, że gość przynosił w butelce, załóżmy, 200 centymetrów sześciennych, podchodziło się do niego, dawało strzykawkę, on nabierał i oddawał. Ale często zbierał od wszystkich strzykawki, a kiedy przynosił – brało się jak popadło. Narkotyk zmienia całkowicie percepcję. Człowiek odrzuca takie estetyczne elementy; one przestają mieć znaczenie. Liczy się cel w postaci odlotu. To cud, że nie złapałem wtedy rzeżączki, HIV...

Pobyt przy Wolskiej to były absolutne jaja, to były kompletne wygłupy. Palenie marihuany, głośne słuchanie muzyki, integrowanie się z pijakami, którzy byli razem z nami na oddziale. My paliliśmy jointy i braliśmy heroinę, a oni pili wódkę. I nawet czasami się wymienialiśmy. Szpital przy Wolskiej wyglądał wtedy jak ruskie więzienie, więc pobyt tam nie był przyjemny. A na żółtaczkę leży się do miesiąca, a nawet dwóch; więc całymi tygodniami zanurzaliśmy się coraz bardziej w społeczny niebyt.

Iza też tam wylądowała?

Nie. O dziwo, nie zaraziła się. To tak jak z fenomenem kasyna. Mówi się, że pierwszak wygrywa. Tutaj pierwszak przegrywa.

To jak cię wyleczono z żółtaczki, jeżeli faszerowałeś się toksynami?

Sam sobie zadaję to pytanie, jakim cudem się to udało. Jak odporny jest organizm, że udało mu się zwalczyć tego wirusa i powrócić do stanu umożliwiającego wyjście ze szpitala. Przecież warunki, w których moje leczenie się odbywało, to była jakaś totalna abstrakcja. Nikt nie mówił o narkotykach. Pełna iluzja, pełne ukrywanie szczegółów.

A później?

Po wyjściu ze szpitala? Nadal byłem uczniem Technikum Mechaniczno-Elektrycznego – szkoły, której coraz bardziej nienawidziłem. Wtedy już wszedłem w fazę kontestacji nie tylko mentalnej, lecz także wizualnej. Nosiłem porwane dżinsy, zapuściłem włosy, zacząłem jeździć na zloty hipisów do Częstochowy. Pamiętam, jak wylądowałem na jednym z nich i hipisi okradli mnie do cna: straciłem pieniądze, plecak, pożyczony namiot. Wracałem w swetrze z zapaleniem okostnej (bo niestety heroina, gdy często się ją bierze, wypłukuje z organizmu wapń, więc zęby lecą w piorunującym tempie). Gdy naciskałem dziąsło, to mi tryskała ropa. Potworny ból, którego nie była w stanie uśmierzyć nawet heroina.

I teraz powiem szczerze, że jeśli chodzi o tamten okres, to mam kłopot. Po dwóch pierwszych latach, do '83 roku, to był totalny zjazd. Ja już płynąłem. Mam tylko jakieś przebłyski. Nie potrafię tego chronologicznie ułożyć. Mam dziury w pamięci. Nie pamiętam, jak mi się udawało chodzić do szkoły, załatwiać towar, kombinować kasę i udawać, że prowadzę normalne życie.

W '83 roku znowu wylądowałem w szpitalu przy Wolskiej. Znowu miałem sensacje wątrobowe, znowu miałem atak kolki wątrobowej, gorączkę... Właśnie sobie przypomniałem – zżółkłem! I za pierwszym razem też! Byłem jak Chińczyk, jakby mnie ktoś pomalował farbą. Podczas pierwszego pobytu w szpitalu ćpałem z umiarem. Byłem trochę zainteresowany, lecz nie za bardzo chciałem często odlatywać. Podczas drugiego pobytu to już było na grubo, to już zdarzyło mi się kilka razy w szpitalu puknąć (bo tak się mówiło: puknięcie towaru). I wtedy już całkowicie zakończyłem karierę sportową.

Wyrzucili cię z hukiem z drużyny?

Sam odszedłem. Oni nawet nie znali przyczyny. Oni tylko wiedzieli, że mam kłopoty zdrowotne. Doskonale się kamuflowałem. Byłem mistrzem świata w okłamywaniu. Gdy leżałem w szpitalu po raz pierwszy, odwiedził mnie tylko jeden kolega z drużyny – Krzysztof Lara (wiele lat później mąż znanej polskiej koszykarki). Cała reszta mnie olała! To przepełniło czarę goryczy. Przekonałem się, że rozumieją mnie tylko kumple od narkotyków. I wtedy zintegrowałem się z ich światem na maksa. Treningi już nie były ważne.

To jest najczarniejszy okres w moim życiu. Najczarniejszy. Totalna walka. To były jakieś egzaminy, poprawki, ciągłe kombinowanie pieniędzy, bo musiałem częściej kupować towar. Bo organizm wołał o kolejną dawkę.

Powiedziałeś, że podczas drugiego pobytu „już było na grubo". Przyznałeś się, że bierzesz narkotyki?

A skąd! Wtedy świadomość społeczna na temat narkotyków była zerowa. Lekarze naprawdę nie mieli pojęcia, co się dzieje. Wystarczyło wystawiać do zastrzyku niepokłutą rękę. Starych ćpunów, którzy brali po kilkanaście lat, to oni znali, bo ciężko było się gdziekolwiek wkłuć, ale mnie nie kojarzyli z narkotykami. Byłem incognito. Wtedy nauczyłem się robić zastrzyki w szyję.

W szpitalu?

Tak. Gdy trzeba było zrobić koleżance zastrzyk z kompotu, a nie miałem się gdzie wkłuć, to wkłuwałem się w szyję.

Kto ci pokazał?

Bardziej doświadczony kolega, który sam nie był w stanie tego zrobić, bo trzęsły mu się ręce. Ja byłem cały czas początkujący.

Nie bałeś się wbić igłę w szyję?!

Nie. Nie wychodziło mi w szkole, w domu było niefajnie, sport w moim życiu się skończył, to chociaż chciałem zaimponować umiejętnościami pielęgniarskimi, w czym byłem niezły. Znałem ludzi, którzy nie mogli już nigdzie znaleźć miejsca, więc robili zastrzyk w penisa.

To boli?

Bardzo. Ale jeśli w perspektywie masz przyjemność, to jesteś zdolny zrobić wszystko. Dla przykładu:

w czasie stanu wojennego można było zamknąć każdego na 48 godzin, bez podania jakichkolwiek zarzutów. Znałem faceta, który trafił do aresztu świeżo po produkcji, miał przy sobie w strzykawce trzy czy cztery centymetry sześcienne, tzw. centki. Ale nie miał igły. I wiesz, co zrobił? Wydrapał sobie paznokciem ranę i w nią wstrzyknął towar. Tak też można.

Ale narkotyk nie dostał się bezpośrednio do żyły, więc zadziałał słabiej.

To prawda, ale jednak dostał się do organizmu. Zastrzyki kompotem robi się wyłącznie dożylnie, głównie z ekonomicznego powodu – ponieważ wtedy potrzeba mniej towaru. Zobacz, jak działa wyobraźnia narkomana. Do jakiego stanu jest doprowadzony człowiek uzależniony od narkotyków, kiedy jest na głodzie.

Gdy po raz drugi trafiłeś do szpitala, już byłeś w takim stanie desperacji?

Nie. Wręcz się ucieszyłem, że tam wylądowałem, bo mogłem sobie zrobić przerwę od ćpania.

Przecież powiedziałeś, że zdarzyło ci się kilka razy puknąć.

No tak, bo nie dałem rady. Miałem plany, ale wytrwać nie było łatwo, ponieważ mieliśmy dostęp do narkotyków. Oczywiście nie wszyscy się załapywali, ale pamiętam kilku leżących na naszym oddziale alkoholików, którzy bardzo chcieli spróbować, i skończyło się to nałogiem.

Ale chyba nie mieliście dostawy codziennie?! Jak dawałeś sobie radę między kolejnymi braniami?

Dostawałem kroplówki, lekarstwa na żółtaczkę, środki wzmacniające i jakoś przetrzymałem zespół abstynencyjny. Przy okazji leczenia żółtaczki udało się przeprowadzić detoks. Tolerancji dawek narkotyku nie miałem jeszcze tak rozdmuchanej jak później. Proces równi pochyłej trwał, przebiegał bardzo powoli, ale systematycznie. Moi współtowarzysze niedoli bardziej uzależnieni od heroiny potrafili uciekać ze szpitala w piżamie. Opuszczali się po prześcieradle, po kratach. Wszystko po to, żeby załatwić kolejną działkę towaru. Na bajzlu spotykało się czasami takich nieszczęśników, którzy paradowali po ulicach miasta w dezabilu. Byli oni przez nas, pozostałych ćpunów, traktowani jak bohaterowie, jak weterani wojenni godni szacunku. Oni – ci wierni poddani jedynej nam miłościwie panującej królowej heroinie.

Patrzyłem na to i nie przypuszczałem, że podobne szaleństwo kiedykolwiek przytrafi się również mnie.

# 3 Na głodzie

Kiedy po raz pierwszy poczułeś głód?

Mniej więcej po roku brania tzw. sportowego, czyli raz na jakiś czas. Doświadczyłem wtedy czegoś zaskakującego. Wcześniej pojawiała się już bezszelestnie subtelnie nieodparta chęć powtarzania kontaktów z heroiną, czyli coraz większy głód psychiczny. Jednak teraz w to szaleństwo włączyła się fizyczność, czyli całe ciało. Już wtedy nie byłem z Izą (rozstaliśmy się, co też było kolejnym powodem, żeby szukać ukojenia). Zacząłem wówczas zauważać u siebie przedziwne reakcje, a mianowicie na drugi, trzeci dzień od ostatniego puknięcia miałem objawy grypy: wysięk z nosa, ból włosów, biegunkę, nudności; czułem się, jakby mnie ktoś poobkładał kijem. Byłem pewien, że jestem chory, więc brałem aspirynę, jakieś środki na przeziębienie. Zero poprawy. A w głowie tłukła mi się myśl, że muszę coś z tym zrobić, że muszę sobie poprawić nastrój, bo przecież chcę się czuć normalnie. Marzeniem już nie była chęć mistycznego odlotu, tylko pragnienie zwykłej, szarej normalności. Więc pojechałem na bajzel, załatwiłem kompot, po drodze kupiłem strzykawkę, na jednej z klatek schodowych przy Nowym Świecie zrobiłem zastrzyk... I cały ból zniknął jak ręką odjął. I czułem rozkosz! Pod wpływem rozpływającej się po ciele euforii wszystkie objawy, tak uciążliwe dla mojego fizycznego samopoczucia, całkiem ustąpiły. Byłem pewien, że heroina wyleczyła mnie z grypy. Tymczasem wtedy po raz pierwszy zapoznałem się z głodem fizycznym, kompletnie takiej świadomości nie mając.

### Heroina przestała działać i...?

Czwartego dnia znowu pojawił się stan grypowy: ból mięśni, katar, jadłowstręt, wodowstręt, ślinotok przechodzący w mdłości... I wtedy uświadomiłem sobie, że coś jest nie w porządku. Zacząłem gadać z ludźmi z branży. No i usłyszałem: „Brawo! Witaj w klubie! Już jesteś nasz!". I zdanie: „To czas na detoks!". Dowiedziałem się, że muszę się odtruć, że trzeba zrobić przerwę. Więc spróbowałem. Pierwszego dnia było jako tako, ale noc była fatalna. Przysypiałem 15 minut, budziłem się cały zlany potem, zmieniałem koszulkę, szedłem do toalety, bo miałem biegunkę i nudności, kładłem się do łóżka. Znowu przysypiałem kilkanaście minut, budziłem się zlany potem, zmieniałem koszulkę... I tak całą noc. I drugiej nocy tak samo, tyle że silniej. Trzeciej nocy było najgorzej. Czułem się wtedy tak tragicznie, że o drugiej nad ranem nie wytrzymałem – ukradłem rodzicom pieniądze i pojechałem na Dworzec Centralny, gdzie można było nocą kupić towar. Ciekawostką jest to, że kiedy podejmujesz decyzję, aby załatwić towar, głód się osłabia. W momencie kiedy włącza się azymut „jadę załatwić", czujesz się odrobinę lepiej. Bo sama myśl o czymś przyjemnym jest wystarczającym bodźcem, żeby uruchomić produkcję endorfin. A ponieważ mają one identyczny skład z heroiną... Dlatego hasło: „Myśl pozytywnie" nie jest bzdurą. To oczywiste, że kiedy myślisz pozytywnie, twój mózg wytwarza dobrą, „czystą, naturalną chemię".

Tak, ale gdy jestem przeziębiona i pomyślę, że za chwilę pójdę do apteki i kupię Gripex, to wcale nie poczuję się lepiej.

Bo Gripex nie powoduje, że objawy chorobowe znikną jak ręką odjął. A heroina – tak. To jest syndrom podobny do tego, który uruchamia się, kiedy z bolącym zębem idziesz do dentysty. Na samą myśl o tej wizycie ząb przestaje boleć.

Mówisz o bólu fizycznym, jaki towarzyszył twojemu odtruwaniu. Ja odczuwałam podobny po moich pierwszych warsztatach pracy z ciałem i oddechem, po odosobnieniu w ośrodku buddyjskim. Bolała mnie każda komórka ciała. Ale wiedziałam, że wysoka gorączka, biegunka, katar są symptomami oczyszczania z toksyn, że na to nie ma lekarstwa, że po prostu muszę to przetrwać.

Po co nam endorfiny, po co je wytwarzamy? Endorfiny są produkowane przez nasz mózg, kiedy coś nas boli. Kiedy mamy stresującą sytuację, najpierw wydziela się adrenalina, a potem – dla jej zrównoważenia – endorfiny. Chemia mózgu ma za zadanie nas osłonić, ochronić. W momencie gdy zaczynasz przyjmować opiaty (w tym przypadku heroinę), mózg przestaje produkować endorfiny, które są niczym innym jak fizjologiczną heroiną. Bo po co mózg ma się wysilać, skoro na tacy dostaje gotowca w formie narkotyku? Ty, chociaż fatalnie się czułaś, miałaś tę naturalną osłonę. A heroinista tej ochrony nie ma. To tak, jakby na ranę sypać sól. Ten stan jest nieznośny, przeszywający na wskroś. To jest już uzależnienie na poziomie komórkowym. A każda komórka woła: „Jeść!". Świadomość wystawiona na ból egzystencjalny, na tę metaforyczną sól sypaną na otwartą ranę neurotyzmu – bo wszystko widzisz wyraźniej, intensywniej – zaczyna płatać niespodzianki: pająk chodzący na ścianie rośnie do rozmiarów słonia, szelest wiatru za oknem to huragan, ból paznokci i włosów jest taki, jakby je ktoś wyrywał. Nie ma oczywiście halucynacji, ale jest zwielokrotniona percepcja. To, co normalne na co dzień, teraz jest nie do wytrzymania. Świat wydaje się potworny. Twoje wymęczone ciało plus ból egzystencjalny stają się wspólnym jądrem cierpienia. W wypadku człowieka chorego, ale nie narkomana, ból ciała łagodzi cierpienie psychiczne; w wypadku narkomana tej ulgi nie ma. Wszystko idzie równolegle: jednocześnie rozrywa ci trzewia i mózg. Nie umrzesz, ale masz pełne poczucie, że to się właśnie dzieje, że autentycznie jesteś w agonii. I towarzyszy temu obecna w każdej myśli, bez wyjątku, świadomość, że jest jedna jedyna rzecz, dzięki której to wszystko zniknie jak ręką odjął!

Osoby, której nie lubisz, w tym stanie nienawidzisz?

Wtedy staje się ona demonem.

Słabsze jednostki, wyjątkowo rozedrgane, niestabilne emocjonalnie i nieodporne, potrafią na głodzie narkotykowym zabić. Dlatego heroinista, kiedy ląduje w areszcie czy w więzieniu, jest traktowany niewiele lepiej niż pedofil. Bo na głodzie jest w stanie zrobić dosłownie wszystko. Dla narkotyku jest w stanie każdego podkablować, współpracować z policją.

Heroinista czy narkoman?

Heroinista. Ponieważ heroina uzależnia najsilniej. Do tego jeszcze najszybciej. To dlatego najtrudniej z niej wyjść. Z nieoficjalnych badań wynika, że z uzależnienia heroinowego wychodzą trzy osoby na 100. Tak ciężko jest ją odstawić.

Ale to też oczywiście zależy od osobowości, bo uzależnieni od kokainy też potrafią zrobić najgorsze rzeczy. O dziwo, heroina w miarę łagodnie obchodzi się z szarymi komórkami. Nie powoduje takiego uszkodzenia mózgu, jaki może wywołać amfetamina lub kokaina. Psychostymulanty rujnują mózg człowieka dużo bardziej.

W piramidzie hierarchii potrzeb człowieka, według Abrahama Maslowa, u podstawy są potrzeby fizjologiczne. W wypadku narkomana poziom niżej pojawia się głód narkotykowy. On warunkuje wszystko. Absolutnie wszystko. Narkoman staje się bezmyślnym, tępym, niebezpiecznym cyborgiem, dla którego jedynym paliwem napędzającym do działania jest narkotyk: „Nie zjem, nie napiję się, dopóki nie dostanę, nie załatwię narkotyku".

To oczywiście nie przychodzi tak od razu, tylko stopniowo, w miarę jak mózg przestaje produkować hormony szczęścia. Jedynym szczęściem jest wtedy heroina. W momencie kiedy nic ci się nie chce, kiedy wszystko zgniata cię jak robaka, a życie staje się koszmarem, heroina powoduje, że rozpływasz się w wannie ciepłej czekolady. Ten błogi stan trwa siedem–osiem godzin. Na początku, bo potem tolerancja idzie w górę, więc szybciej potrzebna jest kolejna porcja.

Co ciekawe – kiedy ćpasz, seks przestaje być przyjemnością. W tamtym okresie byłem absolutnym impotentem. Mimo że na początku, przez półtora roku, dwa lata, heroina działa odwrotnie: pozwala mężczyźnie kopulować dwie, trzy godziny bez przerwy. Dlatego że do penisa dopływa większa ilość krwi. Tylko że ten stan również jest uciążliwy, bo nie można osiągnąć spełnienia, orgazmu, więc seks przypomina jakąś kuriozalną młóckę.

SAMOREALIZACJI
wyrażają się
w dążeniu człowieka
do rozwoju swoich
możliwości, np. estetyczne
(potrzeba harmonii i piękna),
poznawcze (potrzeby
wiedzy, rozumienia, nowości)

SZACUNKU i UZNANIA
potrzeby uznania i prestiżu
we własnych oczach i w oczach
innych ludzi; pragnienie potęgi,
wyczynu i wolności, potrzeba
respektu i uznania ze strony innych
ludzi, dobrego statusu społecznego,
sławy, dominacji, zwracania na
siebie uwagi

MIŁOŚCI i PRZYNALEŻNOŚCI
występują w usiłowaniach
przezwyciężenia osamotnienia, alienacji
i obcości, tendencji do nawiązywania
bliskich intymnych stosunków, uczestnictwa
w życiu grupy

BEZPIECZEŃSTWA
pobudzają do działania, zapewniając
nienaruszalność, ujawniają się, gdy
dotychczasowe nawyki okazują się mało przydatne

FIZJOLOGICZNE
gdy nie są zaspokojone, dominują nad wszystkimi
innymi potrzebami, wypierają je na dalszy plan
i decydują o przebiegu zachowania człowieka

Potrzeby człowieka

Wróćmy do twojej wyprawy na Dworzec Centralny po towar...

W ciągu dnia narkotyki sprzedawano na bajzlu, ale gdzieś koło 21 dystrybutorzy przenosili się na Dworzec Centralny, gdzie było łatwiej wmieszać się w tłum. W serialu *Czterdziestolatek* inżynier Karwowski budował dworzec jako pomnik socjalizmu, a w rzeczywistości był on mekką największego brudu w stolicy – zbierali się tam złodzieje, prostytutki, alkoholicy, narkomani. Dworzec był takim nocnym sklepem, choć to nie znaczy, że było łatwo o towar. Bo tam dilerzy nie czekali na klienta. To była arystokracja. Wylądowałem więc tam na głodzie o drugiej w nocy, wraz ze mną z 50 osób z całej Warszawy, a tu żadnego dilera nie ma! A kiedy w końcu się pojawił, okazało się, że towar był pięć razy droższy. Pieniędzy, które wziąłem, nie wystarczyło. Do domu nie mogłem wrócić. Musiałem wykombinować kasę. A jak się kombinuje? Trzeba albo ją ukraść, albo wyżebrać. I wtedy przekroczyłem kolejny magiczny próg upodlenia, upadku i zacząłem żebrać o pieniądze na Centralnym pod pretekstem zbierania na bilet.

Nie zapaliła ci się czerwona lampka?

Że jestem chory? Aby podjąć leczenie, narkoman musi osiągnąć dno. Ale tak jak jest wzorzec metra, tak wzorca dna nie ma. Zanim jednak dojdę do mojego dna, chciałbym pociągnąć jeszcze wątek poszpitalny.

Bo po samym szpitalu czy po krótkiej, kilkutygodniowej przerwie w iniekcjach najpierw tolerancja spada, ale potem bardzo szybko, wręcz lawinowo idzie w górę, więc trzeba coraz częściej przyjmować kolejną dawkę narkotyku. To już nie było pół centka, to już nie był centek, tylko trzy, cztery centymetry sześcienne. I to mocnego, a nie rozwodnionego towaru.

Po pobycie w szpitalu zacząłem coraz szybciej zjeżdżać po równi pochyłej mojej rzeczywistości. Kolejny raz nie zdałem do następnej klasy. Wtedy zmieniłem szkołę, bo tamtej nie byłem w stanie skończyć. Znalazłem się w nowym miejscu, w zupełnie innej części miasta. Nadal udawało mi się ukrywać ćpanie. Byłem strasznie wychudzonym chłopakiem, który czasami nawet pograł sobie w kosza, ale coraz rzadziej, bo sił miałem coraz mniej. No i niestety cały czas z tyłu głowy... Obiecywałem sobie, że z tym skończę, przysięgałem, modliłem się. Zacząłem szukać metod, które pozwoliłyby mi wyjść z tego koszmaru. W tym czasie poznałem Evelyn Monahan od BSM – bioemocjonalnego sprzężenia z mózgiem (metoda leczenia psychotronicznego), zacząłem chodzić na spotkania bioenergoterapeutów w Pałacu Kultury i Nauki.

Wtedy trafiłem na zlot zielonoświątkowców w Hali Gwardii i na seanse hinduistycznych praktyk duchowych zwane satsangami. Chodziłem w takie miejsca, szukając swojej drogi. Ale ezoteryka ani religia nie są w stanie wyciągnąć narkomana z nałogu. A może jeszcze nie byłem gotów? Może jeszcze nie byłem w tak totalnej dupie, żeby chcieć zrobić wysiłek i pójść tą drogą?

Narzędzia duchowe potrzebne do budowania siebie na nowo tylko wtedy mogą wywołać głęboką zmianę, a nie powierzchowną kosmetykę, gdy człowiek przeżyje głęboki kryzys wartości lub wręcz doświadczenie na poziomie otarcia się o śmierć. Religia może być dopełnieniem procesu, ale nie jego fundamentem, gdyż kryzys wiary, który się przytrafia wszystkim wierzącym, może być śmiertelnym zagrożeniem dla uzależnionego, jeśli zamieniamy narkotyki na religię bez etapu budowania miłości własnej. Religia, czy duchowość bywają traktowane instrumentalnie, jak protezy, bez pogłębionej refleksji na temat istoty własnego bytu.

Byłem zmęczony ćpaniem. Miałem już siebie kompletnie dość. To była gehenna. Pamiętam, jak na potwornym głodzie na drasce od zapałek ostrzyłem skrzywioną igłę, na końcu której był zadzior przypominający haczyk na ryby. Nie udało mi się go pozbyć, a ponieważ innej igły nie miałem, wbiłem ją w kanał. A kiedy wyjąłem, a właściwie wyszarpałem, doszło do krwotoku. Czy wiesz, że potrafiłem płukać strzykawkę z zaschniętej krwi w starym, zardzewiałym hydrancie?! Miałem totalnie wyłączony instynkt samozachowawczy! Gdy mówię o tym teraz, z perspektywy trzydziestu paru lat, mam wrażenie, jakbym opowiadał historię obcego człowieka. Ja tego gościa w ogóle nie rozumiem! To coś z pogranicza schizofrenii. Bo narkoman w pewnym sensie jest schizofrenikiem: co innego mówi, co innego myśli, a co innego robi. Rozstrojenie jaźni. To jest naprawdę szaleństwo. Niewyobrażalne!

To, że się wtedy nie wykończyłem, zawdzięczam jedynie ciągłym odtruciom. Co miesiąc, dwa, robiłem sobie przerwę. Bo próbowałem z tym świństwem się rozstać. Mimo całego tego obłędu i zjeżdżania coraz bardziej w dół nie miałem zgody na siebie ćpuna. To były te chwile, kiedy włączało mi się sportowe wkurwienie, kiedy zaczynała działać sportowa kotwica, jakieś mgliste wspomnienie, że nie zawsze byłem na dnie.

Jak mogłeś robić przerwę, skoro powiedziałeś, że nawet trzech dni nie wytrzymywałeś bez brania, ponieważ włączał się głód?

To były pierwsze doświadczenia, zakończone porażką. Ale ponieważ dalej brnąłem w nałóg, coraz więcej miałem strat związanych z poczuciem wartości, z kolejnym niezdaniem, to motywacja, żeby coś z tym zrobić, była coraz silniejsza. Więc wtedy zagęszczałem liczbę domowych detoksów i udawało mi się nie brać przez trzy tygodnie, nawet przez miesiąc.

Ale w jaki sposób, skoro mówisz, że ból fizyczny i egzystencjalny nie pozwalają na niczym się skupić?

Nauczyłem się, jak ten głód fizyczny przetrwać. Nauczyłem się paru patentów.

Na przykład jakich?

Na przykład wyjeżdżałem z Warszawy. Jechałem na Mazury, zamykałem się w ośrodku wczasowym firmy mojego ojca, w której był wtedy dyrektorem, i tam spędzałem tydzień, czasami nawet dwa.

Kiedy cię wszystko bolało?!

Aby przetrwać, brałem ze sobą glukozę w ampułkach, kroplówki, jakieś wysokokaloryczne jedzenie. Kiedyś odwodniłem się tak, że prawie zszedłem. Byłem pewien, że nie przeżyję. Po trzech dniach, gdy już mogłem chodzić, zacząłem rąbać siekierą przerębel – w lodzie półmetrowej grubości. To był kompletny idiotyzm. Ale miałem ze sobą wędkę, chciałem łapać ryby.

Pojechałeś tam zimą?!

Tak. Zupełnie sam.

Kompletnie nie rozumiem! Jak można pojechać samotnie i fundować sobie taki detoks?!

Czego oczekujesz od narkomana? Logicznego działania?!

Ale chyba mogłeś pomyśleć, że skoro czujesz się samotny w tym świecie, to tam...

Żartujesz?! Ty mówisz o refleksji. Nie ma refleksji u narkomana. U narkomana jest czarno – biało. Jest albo zaćpać, albo nie zaćpać. Nie ma racjonalnego działania.

No to jak wpadłeś na pomysł, że jest ci potrzebny detoks? Że im częściej będziesz go robić, tym lepiej.

To jest właśnie doskonały przykład na to, jak myśli narkoman. Detoks był w tej sytuacji bezsensowny.

Dlaczego? Może jednak mniej zatrułeś organizm?

Dlatego że... Byłem nad tym jeziorem. Naprawdę potwornie cierpiałem przez siedem dni. Ale przetrzymałem. Tylko kiedy po tych siedmiu dniach zbiłem głód fizyczny, kiedy on z każdym dniem malał, coraz silniejszy stawał się głód psychiczny, czyli obsesja kolejnej dawki narkotyku.

A co znaczy: „zbiłem głód fizyczny"? Przestało boleć ciało?

Tak. I kiedy ciało przestało boleć, coraz mocniej zaczęła dochodzić do głosu psychika. Przypomnijmy, że to psychika narkomana, a nie myślącego człowieka. Fenomen naszego organizmu polega na tym, że czasami w niektórych sytuacjach życiowych ciało boli po to, żeby nie zachorowała głowa. Pojawia się choroba, która ratuje nasz umysł, żeby nie oszaleć. Na przykład w sytuacjach kryzysów życiowych natychmiast następuje rozsypanie się w sferze somatycznej. A kiedy coraz lepiej zaczyna się dziać w sferze fizycznej, wtedy wraca do gry góra – centrum dowodzenia. Dlatego choć z każdym dniem coraz lepiej się czułem fizycznie, to coraz trudniej było mi opanować chęć wzięcia działki – już niezwiązaną z głodem fizycznym, tylko z głodem psychicznym. Głód fizyczny trwa pięć do siedmiu dni, a głód psychiczny – wiele miesięcy, a nawet lat.

Ile razy mówiłem sobie: „Teraz już będę kontrolował ćpanie! Teraz już nie będę głupi! Zmniejszę działkę, będę brał tylko raz w tygodniu!". I pół roku takiego działania, i znowu wejście na najwyższy poziom uzależnienia – coraz wyższy z każdym kolejnym detoksem. Znowu jakiś wyjazd, detoks, załatwienie prochów na sen, żeby przetrwać odtruwanie. Pamiętam, że wtedy, żeby przetrwać, zacząłem też włączać alkohol. Żeby nie zwariować, żeby usnąć, wypijałem np. pół litra wódki. Co kończyło się potwornymi torsjami.

Odtruwałem się ze 30 razy. Co miesiąc, dwa. Wyjeżdżałem z moją mamą na wakacje. Wtedy jakoś udawało mi się ukryć przed nią moje cierpienie, chociaż było to potwornie trudne. Udawałem, że złapałem przeziębienie, że zatrułem się jedzeniem. Potrafiłem spędzić z nią na Mazurach cały lipiec i sierpień.

I ani razu nie wziąć?

Ani razu! Ani razu! Tak działa zmiana okoliczności – fenomen tzw. zmiany miejsca, który opisuje Michael Gossop w książce *Narkomania. Mity i rzeczywistość.* W wypadku amerykańskich żołnierzy – uzależnionych od heroiny w sposób maksymalny – którzy podczas wojny w Wietnamie walili działkę dzień w dzień, po powrocie do Stanów zniknęło wszystko jak ręką odjął. I do dziś nie sięgnęli po heroinę.

U ciebie też zniknęło jak ręką odjął?

Na Mazurach, nad morzem, w górach – zawsze tak.

A po powrocie do Warszawy?

Znowu ćpałem. Ale gdyby oni wrócili do Wietnamu, też zaczęliby ćpać.

To nie pomyślałeś...

„Pomyślałeś"! Znów używasz słowa, które w wypadku narkomana nie istnieje. Liczy się instynkt. Do gry wchodzi tzw. mózg pierwotny – mózg gadzi. Ta część mózgu, która jest poza kontrolą świadomości. To jest już działanie na poziomie instynktu. Narkoman to dziki zwierz w trakcie ciągłego polowania. Polowania, czyli zdobywania kolejnej działki towaru.

Ale instynkt nam mówi, żebyśmy się ratowali.

A pamiętasz, co mówiłem o zaspokajaniu potrzeb Maslowa? Piętro niżej. Sorry! Głód, pokarm, jedzenie, picie – są wtórne. Narkotyk wchodzi do podstawy. Znikają wszystkie inne potrzeby: społeczne, rodzinne. Sprawiedliwość, uczciwość się zeruje.

Ale mówisz, że szukałeś pomocy...

Resztką świadomości.

I co te poszukiwania dały? Czego szukałeś?

Cudu! Rąk, które leczą, które pozwolą zmienić mnie bez żadnego wysiłku. Pewna znana bioenergoterapeutka nauczyła mnie kilku psychotronicznych technik medytacyjnych, żeby wyrwać się z tego szaleństwa. Dla mnie okazały się one niewystarczające. Nie byłem jeszcze gotów na zmianę; te metody były za mało „soczyste". Narkoman potrzebuje – w zależności od tego, na jakim jest etapie uzależnienia, destrukcji, narkomańskiego szaleństwa – metod dopasowanych indywidualnie. Ja potrzebowałem otrzeźwienia, które czasami uzyskuje się, waląc kogoś z otwartej dłoni w twarz. Mnie niezbędny był „cios między oczy z zaciśniętej pięści".

Te dwa lata to była totalna katorga, to była gehenna ciągłej walki z nałogiem. I wtedy pojawiła się myśl: „Boże najdroższy, jedyny, wyjdę z tego, ale najpierw muszę skończyć szkołę! Ja muszę skończyć szkołę!". Uczepiłem się tego jako celu, który mnie uratuje.

Który spowoduje, że gdy go osiągnę, przestanę brać. I wtedy ćpałem, załatwiałem towar, dilowałem, uczyłem się. Zrobiłem dyplom technika, zrobiłem maturę... I dopiero gdy to osiągnąłem, zacząłem ćpać na całego! Dopiero wtedy miałem więcej czasu, żeby ćpać do woli.

A twoi rodzice? Nic nie zauważyli?

To było proste do ukrycia.

Jak to proste?! Kiedy lądujesz dwa razy na oddziale zakaźnym? Kiedy masz gorączkę, kiedy się trzęsiesz?

Gorączkę, bóle brzucha, katar mają nie tylko narkomani. Wyobrażenie, że narkoman wygląda jak flejtuch, jak bezdomny dziad, jest mylące. Narkomani, żeby kompensować sobie odróżnianie się od ludzi bez nałogu, chcą przynajmniej zachowywać się i wyglądać jak otoczenie, czyli niczym jak u kameleona pojawia się pragnienie dopasowania wizualnego. Ja wtedy zakończyłem kontestację, bunt przeciwko rzeczywistości. Przestałem się kontrowersyjnie ubierać, zacząłem o siebie dbać. Byłem, jak przystało na porządnego obywatela, ogolony, elegancko uczesany, dobrze ubrany – żeby się nie wyróżniać, żeby się wtopić w otoczenie. Kwintesencja rozdarcia. W środku byłem ruiną, ale na zewnątrz było nie najgorzej.

I taki dobrze wyglądający chłopiec z dobrego domu był bardziej wiarygodny.

Tak. Mogłem powiedzieć: „Przepraszam panią, mnie takie nieszczęście spotkało, że zgubiłem pieniądze, a muszę wrócić do rodziców do domu".

A ślady na rękach? Miałeś ich już sporo?

Bardzo dużo. Ale ukrycie ich nie stanowiło żadnego problemu. Nosiłem długie rękawy, a ślady po wkłuciach maskowałem pudrem.

Mówiłeś wcześniej, że kiedy Iza przyszła do was na obiad, miała ręce w bandażach i plastrach. To dlaczego tobie wystarczał tylko puder?

Dlatego, że ona miała delikatniejsze kanały. Ja jestem facetem, sportowcem. Mam grubsze żyły (chociaż po niektórych wkłuciach zostały mi takie zrosty, że do dziś nie da się w nie wbić igły).

Moi rodzice żyli naprawdę w totalnej nieświadomości. Prowadziłem podwójne życie. Wyjątkowo wyczerpujące. To niewyobrażalna ekwilibrystyka, żeby pogodzić tyle rzeczywistości naraz: z jednej strony próbowałem skończyć szkołę, brałem korepetycje załatwiane przez ojca, a z drugiej – gdy nie miałem kasy, wyłudzałem pieniądze albo sprzedawałem domowy księgozbiór. A później zacząłem dilować, bo poznałem gościa, który produkował towar.

To znaczy, że cały czas miałeś towar dla siebie.

Nie do końca, ponieważ nie byłem producentem. Kompotu nie można przetrzymywać. Trzeba go sprzedać w ciągu paru godzin, dlatego że później się psuje. A jeżeli kupiłeś zły towar, sfermentowany, to wtedy dostawałeś tak zwanego pirogena, czyli 40–41 stopni gorączki, co w sytuacjach ekstremalnych mogło doprowadzić do ścięcia białka we krwi. Sam załapałem się na pirogena dwa razy. Na szczęście wylądowałem w szpitalu, gdzie mnie odratowano.

Nie miałeś wyrzutów sumienia, że sprzedajesz kompot?

Im większe wyrzuty sumienia, tym większa chęć, żeby się naćpać.

Mój definitywny upadek zaczął się w ’83 roku i trwał do 4 listopada ’85. To był totalny zjazd, wtedy przekroczyłem wszystkie możliwe granice.

# 4 Flashbacki

Udało ci się skończyć szkołę. Rodzice chyba byli szczęśliwi?

To była radość przez łzy. Bo i z czego się cieszyć? Że były reprezentant Polski w koszykówce, facet, któremu z testów psychologicznych, robionych przy różnych okazjach, wychodziły ponadprzeciętne wyniki, pięcioletnie technikum zmęczył w siedem lat?! Dla mnie fakt, że dwa razy nie zdałem, naprawdę był traumą. Zwłaszcza w szkole, której nienawidziłem. Wchodziłem w życie z poczuciem, że jestem idiotą. Ja, który uwielbiałem książki, który w wieku 15 lat z otwartymi ustami czytałem *Quo vadis* i ocenzurowanego *Mistrza i Małgorzatę*.

Kiedy tak teraz siedzimy i rozmawiamy, z każdym wypowiedzianym zdaniem coraz mocniej do mnie dociera, jak niezwykle ważne w pracy terapeuty jest odbycie własnej terapii. Zrobiłem to przed laty, ale pewne rzeczy doszły; z wiekiem zmieniła się też ostrość patrzenia na przeszłość i na teraźniejszość. Odbycie kiedyś terapii nie wyposaża człowieka raz na zawsze w umiejętności ułatwiające życie. Trzeba je uaktualniać, jak system operacyjny w naszym komputerze. Z moimi doświadczeniami jest podobnie jak z oglądaniem *Czasu Apokalipsy*, filmu kultowego dla mojego pokolenia – widziałem go z pięć razy i w zależności od tego, ile miałem lat, odbierałem inaczej. Wyglądały zupełnie inaczej wtedy, gdy patrzyłem na nie, przechodząc w latach osiemdziesiątych terapię jako narkoman, zupełnie inaczej, gdy robiłem certyfikat terapeuty, i jeszcze inaczej teraz, kiedy jestem pięćdziesięciojednoletnim mężczyzną, który czeka na wnuki.

Ale wiesz doskonale, że jest coś takiego jak gotowość do tego, żeby być wobec siebie naprawdę szczerym. Poza tym spychamy w podświadomość wszystko to, co nas uwiera, a w danym momencie możemy przepracować tylko tyle, ile nam ona pokaże. Po czym w naszym życiu pojawia się sytuacja podobna do tej sprzed lat i podświadomość uwalnia jakieś wspomnienie z ukrycia.

I jest zaskoczenie. Widzę siebie nowego. To, co powiedziałaś, jest ewidentnie dowodem na to, że nic nie można w swoim życiu przepracować. Jeżeli ktoś mówi mi: „Ten problem mam już przepracowany!", zawsze go stopuję: „Włącz pokorę!". Bo ten proces nie jest skończony. Pozamykane drzwi wcale takie być nie muszą. Mogą być nieszczelne. I kiedy pojawi się silny wiatr, powstanie przeciąg, który zacznie usuwać grunt spod nóg.

Rozmawiając z tobą, uświadomiłem sobie, jak ważne są pewne sprawy, dla mnie jako psychoterapeuty oczywiste, np. kwestia superwizji, kwestia rozmawiania o swoich deficytach z kimś, kto może spojrzeć na nie z pewnym dystansem. Każdego dnia – oprócz tego, co robimy w gabinecie jako terapeuci – mamy do odrobienia swoistą pracę domową, którą sami powinniśmy sobie podświadomie narzucać. Teraz czuję się trochę jak pacjent, bo po każdej naszej rozmowie jestem rozedrgany. Budzę się rano i mam galopadę myśli, przypominam sobie fakty sprzed 30, 40 lat, które zostały zamiecione pod dywan. Od paru dni, od czasu naszego ostatniego spotkania, zastanawiam się nad swoim stosunkiem do ojca. Wybaczyłem mu już, naprawiłem z nim swoje relacje, jednak niestety muszę wyraźnie powiedzieć, że mojego ojca koło mnie nie było i nie otrzymałem od niego bezwarunkowej akceptacji. To bardzo brutalna dla mnie prawda, ponieważ przez te wszystkie lata ojca trochę wyidealizowałem. On już nie żyje od prawie 10 lat. Był wspaniałym, uczciwym, cudownym, mądrym człowiekiem, tylko niestety zmasakrowanym przez skrypt rodzinny swojego ojca – wojskowego. Mój dziadek nie wyposażył mojego ojca w to, co jest najważniejsze w życiu mężczyzny: w poczucie własnej wartości. Więc jak mój ojciec mógł wyposażyć mnie w coś, czego sam nie miał? Przecież ojciec, który nie umie pływać, nie może nauczyć pływać swojego syna. A jeżeli to robi, jest żałosny, a przynajmniej śmieszny. Mało tego – może być niebezpieczny, ponieważ próba uczenia czegoś, na czym się nie znamy, kończy się katastrofą dla obu stron.

Jednak prawdą jest, że to rodzice i pewien splot okoliczności w danym momencie mogą stworzyć potwora. To rodzice bywają doktorem Frankensteinem. Chociaż wcale nie chcą tacy być. Dają życie, mając jak najlepsze intencje, a powstaje monstrum...

Ale jak sam powiedziałeś, jest też splot okoliczności. Nie ma jednego czynnika, który spowodował, że zacząłeś brać. Być może, gdyby rodzice nie kazali ci pójść do technikum, gdyby powiedzieli, że możesz sam wybrać szkołę, twoje życie potoczyłoby się inaczej.

To całkiem prawdopodobne. Bo tak jak mówię – ta szkoła ugruntowała we mnie poczucie, że jestem idiotą. A przecież w podstawówce miałem świadectwa z czerwonym paskiem. To tak, jakby obcięto mi obie nogi. Zapomniałem, jak się chodzi. Będąc reprezentantem Polski w koszykówce. Nie umiałem normalnie funkcjonować. Oczywiście udawałem, bo nauczyłem się nosić maski. Jak zauważyłaś, moi rodzice przez wszystkie lata tego obłędu niczego nie widzieli. Matka znajdowała strzykawki w moim pokoju i – jak to kochająca matka jedynaka – wierzyła w to, co jej mówiłem: „Mam kolegę z problemem, droga mamo! To mój wspaniały przyjaciel. Poprosił mnie o przechowanie strzykawek, bo ma bardzo trudną sytuację. Ja mu pomagam wyjść z nałogu".

To ja, jako matka, natychmiast bym ci odpowiedziała: „Synku, ale w ten sposób mu nie pomożesz!”.

Mówisz to w 2014 roku. Nie wiem, czybyś tak powiedziała w 1982, na dodatek będąc w takiej sytuacji jak moja mama. Ona naprawdę miała z moim ojcem krzyż pański. Przychodziły do naszego mieszkania jakieś kobiety i mama kazała mi iść do drugiego pokoju... Totalna paranoja! Mam w pamięci ojca, który nie umiał powstrzymać swojej huci, i po prostu, gdzie się pojawiliśmy, były jakieś kobiety!

Nie powiesz mi, że kochanki ojca przychodziły do was do domu?!

Właśnie to ci mówię.

I co na to twoja matka?

Walczyła o męża. Walczyła o ojca swojego dziecka. Próbowała... To była kuriozalna sytuacja. Mój ojciec był bardzo przystojny, był człowiekiem na stanowisku, był wykształcony...

Te kobiety przychodziły i pytały, czy jest w domu?!

Tak.

I twoja matka odpowiadała, że go nie ma?

Było ciekawie, jeśli akurat był. Takie mam flashbacki... Był we mnie strach. Tylko nie miałem pojęcia dlaczego. Teraz wiem, że bałem się na poziomie podstawowym. Bałem się o przetrwanie. Kiedy dziecko czuje coś podskórnie, budzi się w nim lęk na poziomie neurologicznym. Rodzi się strach. A dopiero po jakimś czasie okazuje się, że ten lęk można świetnie rozładować albo medytacją, albo sportem, albo spełnianiem siebie, samorealizacją, albo genialnym, cudownym patentem, jakim jest skrót chemiczny, czyli narkotykami.

Nie pamiętam, jaka była pora roku, nie pamiętam, jaki był kolor kanapy w naszym pierwszym mieszkaniu, w którym zaczęły się harce mojego taty z kobietami, ale pamiętam przeraźliwy, przeszywający płacz mojej matki i odgłos tłuczonych naczyń. To zapada w pamięć jak cios między oczy. A potem życie dokłada dzieciakowi kolejne ciosy, które rodzice lekceważą. Dorośli nie zdają sobie sprawy, że dla dziecka przeprowadzka albo zmiana szkoły jest ogromnym stresem. Doskonale pamiętam, jak w trzeciej klasie zmieniłem podstawówkę i na dzień dobry doszło do jakiejś przypadkowej przepychanki. I chociaż nic wielkiego się nie wydarzyło, nauczyciele zrobili z tego straszną aferę. Byłem niewinny, lecz zostałem napiętnowany jako łobuz. To było moje pierwsze doznanie ogromnej niesprawiedliwości, krzywdy. To właśnie z tamtego okresu pamiętam te dziwne akcje z moim ojcem, to poczucie ciągłego niepokoju, lęku.

Miałem też inny problem. Coś, o co bardzo często walczą młodzi ludzie, to chęć wyróżnienia się. Młody człowiek pragnie być kimkolwiek – lepiej być złodziejem, narkomanem, pedałem niż nikim. Sam z gruntu się wyróżniałem – zawsze byłem wyższy niż rówieśnicy i zawsze miałem z tego powodu kłopoty, ponieważ koledzy nieuzmysławianą zazdrość okazywali w sposób, w jaki potrafili, czyli dokuczając. Co roku jeździłem z mamą na kolonie. Wspaniale się mną opiekowała, lecz niestety nie rozumiała, że lepiej byłoby mnie gdzieś wysłać samego niż zabierać ze sobą. Zawsze jeździłem z nią, co powodowało trudne sytuacje, bo fajnie było dokopać synowi wychowawczyni czy wicedyrektor. Ile razy dostałem bęcki, o czym moja matka nie wie. Dostałem parę razy z liścia od starszych kolegów na zasadzie: „No i co teraz zrobisz? Pójdziesz poskarżyć się mamusi?". Ewidentna prowokacja. Poza tym byłem chłopakiem z Warszawy, a oni – z całym szacunkiem – z Pcimia czy z Chotomowa, więc czemu nie przywalić leszczowi ze stolicy? „Za kim jesteś? Za Legią czy Górnikiem?" I cokolwiek bym odpowiedział – zawsze było źle. I bęcki.

Ale życie cały czas nie dokopuje; życie daje czasem lekki głask. Był moment ukojenia. Był moment nagrody! Tą nagrodą były treningi koszykówki, wyjazdy w Polskę, zdobyte punkty, satysfakcja, powołanie do reprezentacji Polski. Miałem poczucie, że jednak coś znaczę. Niestety, były też pierwsze rozczarowania: nagle się okazywało, że zdrowie zawodnika nie jest istotne, dużo ważniejsze od tego, czy mam kontuzję, czy mogę grać czy nie, były wynik i statystyka; a do tego jakieś niesnaski między klubami czy między trenerami. To wszystko młody człowiek widzi. No i oczywiście historia, o której już opowiadałem – jak trener całemu światu wyjawił moje problemy sercowe, czym pozbawił mnie wiary w uczciwość, w przyjaźń. Łapałem coraz większą niechęć do sportu i jego całej otoczki. Jednak w tamtym czasie najbardziej bolała mnie nieobecność ojca na meczach, brak zainteresowania moimi wynikami. Nie wiem, być może się nimi interesował, ale ja o tym nie wiedziałem. Prawdopodobnie, gdybym się z nim skonfrontował na temat tamtego okresu, usłyszałbym zupełnie inną relację; tylko że mój ojciec miał problem – zerową umiejętność okazywania uczuć.

Wielu mężczyzn tak ma.

Tak ma bardzo wielu rodziców. I to jest rzecz, która czasami jest gorsza od przemocy fizycznej. Nie miałem sukcesów w nauce, byłem w szkole, w której kiepsko mi się wiodło, borykałem się z problemami, więc tata nie był zadowolony. A skoro tata nie był zadowolony z moich postępów w nauce, to jakże mógł być zadowolony z moich sukcesów sportowych? To było całkowite odtrącenie. Przez to czułem się odrzucony. Mojemu ojcu brakowało wiedzy, że trzeba powiedzieć: „Kocham cię, synu. Jestem bardzo dumny, że uprawiasz koszykówkę, ale nie akceptuję tego, że jesteś dupa w szkole".

Cierpiałeś z tego powodu?

Wtedy nie wiedziałem, że cierpię. Wtedy miałem duży żal do ojca, byłem wściekły za awantury z matką, za jego zdrady. Jak ważna była jego nieobecność na moich meczach, zrozumiałem dopiero po latach, kiedy przechodziłem swoją terapię. Być może, gdyby nie brak ojca, gdyby nie to pieprzone technikum, moja droga nie poszłaby w kierunku bagna. Ktoś powie: „Co się czepiasz ojca! Każdy ma jakieś słabości!". Tymczasem tak pozornie nieistotny element może zrujnować całą misternie tkaną konstrukcję, bo żadne prezenty przywożone z zagranicznych delegacji albo rekompensaty w postaci pieniędzy nie są w stanie zniwelować deficytu, który rodzi się na poziomie neurologicznym.

Zaczęliśmy tę rozmowę od tego, że skończyłeś technikum.

Z dużym poślizgiem. Jakiż straszny wysiłek musiałem wykonywać, ile mnie to kosztowało zdrowia i energii, żeby połączyć ze sobą wszystkie światy, w których przebywałem. Bo kończyłem szkołę, uczyłem się do egzaminów, resztkami sił pracowałem nad sobą, miałem jakieś życie towarzyskie, koleżanki, z którymi się spotykałem, i miałem świat narkotyków, w którym byłem zanurzony po szyję. I miałem jeszcze dom rodzinny, moją matkę, ojca, który był z doskoku, bo czasami gdzieś znikał, wyprowadzał się, potem wracał. Kompletna degrengolada. Tak naprawdę z tamtego okresu ojca niewiele pamiętam. To nie tak, że mnie całkowicie odrzucił; on naprawdę strasznie się miotał. Ja miotałem się w swoim uzależnieniu, a on w swoim. A do tego to były trudne dla wszystkich lata. Kończył się stan wojenny.

Zapomniałem powiedzieć, że byłem mocno zaangażowany w działalność podziemną. Nie chciałbym robić z siebie zbowidowca, ale wtedy bardzo ryzykowałem: przechowywałem w domu ulotki, które potem rozdawałem, chodziłem na tajne zebrania, demonstracje.

Dlaczego się w to zaangażowałeś?

Czytałem dużo ulotek i książek, np. rosyjskiego dysydenta Władimira Bukowskiego. Miałem dostęp do bibuły. Był we mnie bunt. I jego część skierowałem przeciwko systemowi, który uważałem za beznadziejny.

A może chodziło o adrenalinę?

Masz rację. To głównie o nią chodziło. Pamiętam demonstracje z flagami, pogrzeb Popiełuszki. Tylko ja, żeby pójść na ten pogrzeb, musiałem wcześniej załatwić towar, ponieważ byłem na głodzie.

A jeszcze czasami po tych różnych dziwnych akcjach szedłem wieczorem do Akwarium z kolegami, którzy kompletnie nie mieli nic wspólnego z heroiną. To też był inny świat – marihuana, piwko, jazz. Więc te wszystkie światy musiałem umiejętnie posklejać.

Nie było to proste, ale jakoś się udawało. Do czasu. Bo niestety proces postępował. Coraz trudniej było to wszystko pogodzić.

Słuchając ciebie, odnoszę wrażenie, że byłeś posklejany z wielu kawałków. Chyba prościej byłoby się określić: „Jestem narkomanem, odcinam się od innych ludzi"...

Wyjęłaś mi to z ust! Wczoraj miałem sesję z pacjentem uzależnionym od nikotyny. Setki razy próbował rzucić palenie. Zero efektów. Byłoby mu łatwiej, gdyby określił się jako palacz, zaakceptował swoją słabość i palił, ale pracował nad innymi sferami. Natomiast on pod pretekstem, że jest palaczem, kompletnie nic ze sobą nie robi. To wygodna pozycja bycia ofiarą jakiegoś nałogu. Można na niego zrzucić wszystkie swoje zaniechania i błędy: „To wina nikotyny. Nie potrafię z nią nic zrobić, więc nie będę również nic robić ze sobą". A czasami trzeba zaakceptować swoją niedoskonałość, czyli np. swoje uzależnienie. Często ludzie chorzy traktują chorobę jak alibi: „Ale jakże, przecież ja nie mam nogi! Ja nie mam dwóch nóg!". I wtedy natychmiast przypomina mi się Nick Vujicic – australijski kaznodzieja i mówca motywacyjny, który ma całkowity wrodzony brak kończyn (zespół tetra-amelia). Ten słynny Serb jest najbardziej wziętym coachem na świecie. Motywuje do działania, pokazuje, jak żyć.

# 5 Diler

Kiedy twoi rodzice zaczęli się domyślać, że bierzesz?

Mniej więcej wtedy, gdy skończyłem szkołę. Głównie domyślała się moja matka, choć naprawdę rewelacyjnie się kamuflowałem. Pamiętam, jak mama się dowiedziała, że po heroinie źrenice są małe jak szpileczki i nie reagują na światło, więc gdy wracałem naćpany do domu, przed wejściem do mieszkania zakrapiałem do oczu atropinę. Miałem źrenice jak talerze... Siadałem przed matką i przysięgałem na wszystkie świętości, że wszystko jest w porządku. Jej obraz – słuchającej, płaczącej i wierzącej w te brednie – mam cały czas przed oczami. To ona była tym buforem, ponieważ ojciec mieszkał wtedy poza domem.

A ze mną było coraz gorzej. Coraz gorzej psychicznie, coraz gorzej fizycznie, coraz bardziej czułem, że tonę. Stawałem się coraz większym skurwysynem, dilującym... Dostawałem od producenta, załóżmy, dwie strzykawki po 10 centymetrów sześciennych towaru, miałem to sprzedać, a sobie zostawić tylko działkę na cały dzień. No to co robiłem? Diler rozcieńcza i zostawia sobie więcej.

Ewentualnie sprzedaje. Dla narkomana nie ma takich pojęć, jak uczciwość, prawdomówność, lojalność. Rujnujemy się w sferze zdrowia i sferze moralności. Natomiast jest jeden parametr, który się zmienia (o czym dowiedziałem się po latach) - rodzi się inteligencja emocjonalna. Inteligencja emocjonalna narkomana. Nie ta zwykła inteligencja...

Bo ta siada...

Ale czasowo. Inteligencja emocjonalna kształtuje się poprzez ciągłe mocowanie się z problemami. Narkoman wypracowuje umiejętności przetrwania. Więc ja w tamtym czasie po prostu coraz świetniej radziłem sobie na ulicy.

Czy wiesz, że po naszej wczorajszej rozmowie przypomniałem sobie, że byłem alfonsem?! Wymazałem ten fakt z pamięci na 30 lat!

Poznałem dziewczynę, która przyjeżdżała do Warszawy załatwiać towar, ponieważ łatwiej jej się wtedy pracowało. Była prostytutką w hotelu Victoria. Byłem postawny, kawał chłopa, więc zaproponowała, czy nie zechciałbym jej pomóc. Spytałem: „W czym?". - „Jak już załatwię wszystko, pójdziesz ze mną i poczekasz w holu". Tak do końca nie zdawałem sobie sprawy z tego, co miałbym robić, ale też naiwny nie byłem, więc czułem, czym to wszystko pachnie, a raczej lepiej powiedzieć - śmierdzi. Zgodziłem się. Dzięki temu układowi miałem sporo kasy.

Ale alfons każe pracować, a ty nie kazałeś. Więc nie do końca nim byłeś.

No dobra, byłem bodyguardem. Ona, idąc z klientem pokazywała na mnie, że ją chronię. A ja spędzałem czas, siedząc w wygodnym skórzanym fotelu. Jej klientami byli przeważnie Arabowie, w ówczesnym okresie masowo odwiedzający Polskę.

To odpalała ci w dolarach?

Tak. Miałem więc kasę na towar. Dzięki niej nie musiałem uszczuplać rodzinnego budżetu.

Brałeś wtedy codziennie?

Tak. Albo nawet dwa razy dziennie. Już nie dawałem rady. Jeżeli nie załatwiłem towaru, przeżywałem męczarnie. Tych parę godzin czułem się dobrze, a przez resztę czasu zdychałem. I w tym stanie trzeba było kombinować, żeby zdobyć forsę na kolejną dawkę. A ponieważ głównym celem narkomana jest zaspokojenie głodu narkotykowego, więc nie patrzy na jakość towaru, na okoliczności, na kontekst. Chociaż tym większe rozdarcie, tym większy ból egzystencjalny narkomana, im więcej zasad moralnych wyniesionych z domu ma zakodowanych w świadomości.

Wtedy, po skończeniu szkoły, przez długi okres nic nie robiłem. Próbowałem się okiełznać, próbowałem się opanować, lecz nic mi z tego nie wychodziło. Miałem potworne poczucie porażki, bo przypomnę, co mi przyświecało: miałem skończyć szkołę i wyjść na prostą! Tylko mówiłem sobie: „Ale jeszcze nie teraz! Jeszcze troszeczkę!". Już miałem pomysły na dalszą naukę, już miałem pomysły na pracę... „Ale jeszcze troszeczkę! Od jutra! Naprawdę od jutra!".

W tym czasie poznałem kolegę, który również miał dosyć ćpania. Załatwiliśmy towar, on powiedział: „Robert, ja już mam dość! Chcę się z tego wyzwolić!". Zaćpany wrócił do domu i napisał sprayem na ścianie: „Od jutra nie biorę!". Więc gdy się budził rano i widział ten napis, to od razu włączało mu się poczucie ulgi: „Uff, jakie to szczęście, że nie od dzisiaj!". To doskonały przykład, jak myśli narkoman.

Zaliczyłem już wtedy totalny zjazd z przedawkowaniem heroiny i relanium w ampułkach, a potem z reanimacją w szpitalu przy Lindleya, gdzie ledwo mnie odratowali.

Straciłeś przytomność gdzieś na ulicy?

Nie, na klatce schodowej. Ktoś wezwał pogotowie. To nie była utrata przytomności. Wpadłem w letarg, taki jak po zbyt dużej dawce leku nasennego.

Zawiadomiono twoich rodziców?

Nie było potrzeby, bo byłem dorosłym człowiekiem. Nie było zagrożenia życia. Podejrzewano, że wziąłem jakieś pigułki. Zrobiono mi płukanie żołądka, podano kroplówki i następnego dnia wyszedłem.

Rodzice się nie dowiedzieli?

Jak? Przecież często nie wracałem na noc. Czasami nie było mnie dwa, trzy dni. Poza tym, wtedy umierała moja babcia, więc mama spędzała z nią sporo czasu. Tak więc matka była u babci, ojciec u kochanki, a ja po prostu spędziłem sobie noc na OIOM-ie.

Matka wiedziała, że ćpam. Kiedyś spotkałem ją na bajzlu, jak mnie szukała. To już był ostatni rok brania, '84, kiedy było tragicznie. Jakieś meliny, prostytutki... Mam flashbacki z różnych miejsc. Gdzieś na Pradze jakaś produkcja, warzenie kompotu, jacyś przestępcy... Straszliwy świat.

To już jest ten świat, który oglądam na filmach? Narkomana leżącego na ulicy...?

Tak. To już jest dno. Totalne dno. Tylko że ja nadal chodziłem w białej koszuli i eleganckich spodniach. Nadal dbałem o siebie. Bardzo się różniłem od stereotypowego narkomana.

Najbardziej znaczące wydarzenie w moim życiu miało miejsce na bajzlu – od Marszałkowskiej do Nowego Światu, ówczesna ulica Rutkowskiego, teraz Chmielna. Słuchaj, ja biegałem po ulicy Rutkowskiego szukając towaru. Znałem tam każdą klatkę. Każdą klatkę... No i zapomniałem, co chciałem powiedzieć...

To zadam ci pytanie: po co spotykałeś się z prostytutkami?

Jako z nieszczęśnicami towarzyszącymi mi w nałogu. No bo seksu nie było.

No właśnie.

One nie były dla mnie kobietami. One były narkomankami. Dla narkomana nie ma kobiet. Zaliczyłem wtedy ponadroczny okres całkowitej impotencji. Bo są większe przyjemności niż seks. Poza tym seks wymaga jakiś dziwnych zabiegów, starań. Przecież dla zachowania pozorów wypadałoby przynajmniej ze dwa razy pójść do kina. Gdzie narkoman ma na to czas i pieniądze?

Już wiem, co chciałem powiedzieć. Byłem na bajzlu, czekaliśmy na dostawę towaru. Wreszcie: „Jest! Przyjechał!". Tyle że na drugi koniec ulicy! Więc pobiegliśmy. Ktoś pojawił się z towarem w innym miejscu. I wszyscy polecieliśmy jak te ćmy. To wyglądało kosmicznie. Punkowcy, hipisi, gitowcy, przestępcy, prostytutki...

Naprawdę biegiem?!

Biegiem!!! Żeby zająć kolejkę. Biegli wszyscy. W tych trepach punkowskich, ogolone głowy, pióra... To był cyrk! I ja wśród nich. I ja wśród nich...

W białym sweterku?

W białym sweterku, białej koszulce, dżinsach. Elegancko ubrany. Jak wycięty z jakiegoś komiksu. Ksywa środowiskowa: „Koszykarz".

Czekaliśmy w napięciu, nawet pamiętam dokładnie miejsce – Chmielna w połowie drogi, skwerek. Stała tam grupa ćpunów, a ja gadałem z kimś, oddalony o pięć metrów. Widziałem, że rozmawia z nimi jakaś kobieta koło czterdziestki. Pomyślałem, że to policjantka. Słyszałem jednym uchem, że mówi o leczeniu. W pewnym momencie podeszła do mnie i spytała: „A ty co tutaj robisz? Trochę nie pasujesz do tego miejsca". Oburzyłem się: „Ale o co pani chodzi?! Co pani sobie wyobraża?! Spotkałem kolegę ze szkoły!". A ona wyczuła, że ze mną jest coś nie halo. Okazało się, że była to doktor Pańkowska, pracująca w przychodni dla narkomanów przy Dzielnej, która czasami wpadała na bajzel do swoich pacjentów. To bardzo ważna dla mnie postać, do której jeszcze wrócę.

Spotkanie to miało miejsce gdzieś pod koniec '83 roku, a więc przed moim totalnym upadkiem, o którym teraz rozmawiamy. To był okres, kiedy ojciec jakiś czas mieszkał w domu. Już się przyznałem, że ćpam. Swoją drogą to ciekawe, co się dzieje w głowach rodziców jedynaka, którzy muszą zgodzić się na to, żeby dać mu pieniądze na działkę. Szantażowałem ich, że się zabiję. Mało tego – mój ojciec służbowym, dyrektorskim samochodem woził mnie na bajzel po towar. Jechał z nami mój przyjaciel Andrzej Gajda, który wiedział o moim problemie i mnie wspierał. I szedł ze mną po towar, trzymając mnie pod rękę, bo ważyłem 73 kilogramy. Byłem jak śmierć na chorągwi, na skraju wyczerpania fizycznego. Brałem działki, na które już nie wystarczyła forsa za książkę świśniętą z półki moim rodzicom.

Zresztą sprzedałem trzy czwarte księgozbioru, wszystkie białe kruki zbierane przez pokolenia w mojej rodzinie. Do tej pory nie potrafię się z tym pogodzić, więc gdy wchodzę do antykwariatu, zostawiam po kilkaset złotych. Jest to dla mnie miejsce, w którym tak naprawdę powinienem uklęknąć i przeprosić za swoje grzechy, bo przez wiele lat, gdy jechałem po towar, najpierw sprzedawałem książki. Ja – który w ósmej klasie podstawówki zająłem pierwsze miejsce w konkursie na najwięcej przeczytanych książek! Czytający Schopenhauera, Freuda... Ja – kochający książki, który później je sprzedawał, żeby mieć na towar. To tak jak prostytutka, która wysyła swoją córkę na ulicę, żeby ta zarobiła na kolejną działkę. Znam takie przypadki. Znałem takich ludzi w tamtym okresie. Otarłem się o największe dno, o największe gówno, jakie można sobie wyobrazić. Ono mnie nawet nie bulwersowało, bo sam nie byłem czysty. Te obrazy wracają do mnie po latach.

Musiałem już powiedzieć rodzicom, że ćpam. Wcale nie dlatego, że chciałem się leczyć! Po prostu chciałem od ojca pieniędzy na towar – żebym nie musiał atakować ludzi na ulicy, bo wylądowałbym w więzieniu. Robiło tak wielu moich ówczesnych kolegów.

Przecież dilowałeś, więc miałeś pieniądze.

Ale wielkość działki rosła, a poza tym nie mogłem już zaspokoić głodu, kupując towar na bajzlu.

Dlaczego?

Bo na bajzlu sprzedawano towar żeniony, czyli rozwadniany, nieczysty. Funkcjonowały terminy „towar z gara" i „towar z bajzla", który był słabszy. Centymetr sześcienny narkotyku z garnka odpowiadał czterem lub nawet pięciu centymetrom z bajzla, więc jak ktoś miał podwyższoną tolerancję (a ja przy heroinie miałem strasznie), to żeby zaspokoić głód, potrzebował coraz więcej narkotyku. Już nie było mowy o haju, o byciu w dobrym nastroju. Już brało się po to, żeby przetrwać, żeby zabić głód, żeby się normalnie czuć. To jest paradoks – że na początku człowiek bierze narkotyki po to, żeby się czuć wyjątkowo, a po jakimś czasie przychodzi moment zmiany biochemii mózgu, rośnie tolerancja, organizm się przyzwyczaja, więc trzeba przyjmować coraz więcej towaru, żeby czuć się po prostu normalnie. I najpierw, zbuntowani, kontestujący, uciekamy przed światem zewnętrznym w narkotyki, po czym bardzo często, będąc już w ciągu, marzymy o tym (co spotkało mnie wielokrotnie), żeby tak jak ludzie trzeźwi, odczuwać głód, lęk czy radość.

Szukałem więc miejsc, gdzie można było kupić towar bezpośrednio od producenta. Czasami siedziałem na głodzie przez całą noc na jakimś warszawskim osiedlu, czekając, aż łaskawca zniesie i coś sprzeda.

To było totalne upodlenie. Do koryta było dopuszczanych pięć, sześć osób (właściciel mieszkania, ten, kto zorganizował susz makowy, ten, kto zerował odczynniki, ten, kto dał pieniądze, dwóch młodych dilerów zaangażowanych w tym układzie) i cała reszta ćpuńskiego pospólstwa, czyli klientów, którzy chcieli się załapać na towar, zanim trafi na bajzel. Czyli przed rozwodnieniem.

Ty jako diler też musiałeś czekać?

Ja tylko czasami dilowałem. Załapywałem się na krótkotrwały układ z kimś, kto np. miał przez trzy dni mieszkanie, miał odczynniki i potrzebował pomocy przy dystrybucji. A potem, kiedy kończył się układ, zostawałem na lodzie z podwyższoną tolerancją. Twoje wyobrażenie, że ktoś zostaje dilerem...

Przecież wiem, że nie podpisałeś umowy!

To był układ z jakimś gościem, którego poznałem gdzieś pod latarnią lub na klatce schodowej. On np. nie znał stolicy, bał się, więc robiłem za ochronę. Można powiedzieć, że byłem bodyguardem, który zarabiał na swoją działkę. A w przerwach, kiedy nie miałem układu, lądowałem w miejscu, w którym odbywała się produkcja, bo chciałem załapać się na towar wystarczający mi na 12 godzin, a nie na trzy czy cztery, jak w przypadku towaru rozwodnionego. (Już pomijam takie ewidentne wałki, kiedy przyjeżdżali jacyś goście do Warszawy i sprzedawali jako towar herbatę albo kawę). Były sytuacje, kiedy w gronie 15 ćpunów na głodzie czekałem na Bemowie przy piaskownicy. Kiedyś zdarzyło się, że ktoś wezwał policję i wylądowaliśmy na dołku w siedzibie Komendy Stołecznej Policji, w Pałacu Mostowskich.

Diler nie umawiał się na godzinę, na niego się czekało. Diler traktował cię jak śmiecia. On zarządzał twoim życiem. Trafiały się też typy psychopatyczne, goście, którzy mieli świetny towar z produkcji, puszczali np. informację, że już jadą z Okęcia i za chwilę będą, tymczasem czekało się na nich pół dnia, a czasami i pół nocy. To ich bawiło.

Ale w '85 roku, w pierwszych latach kapitalizmu w Polsce, pojawili się już kolesie handlujący, którzy sami nie brali. Bo oni widzieli w dystrybucji narkotyków po prostu świetny interes. Byli profesjonalni, punktualni, nie byli debilami, którzy pastwili się nad tobą, żeby podkreślić własną wyższość. Bardzo dbali o jakość towaru. Chociaż trudno tu mówić o higienie, bo produkowali go w jakichś oborach, piwnicach, jednak jakość ewidentnie poszła w górę.

Na początku naszej rozmowy powiedziałeś, że polska heroina była lepsza od zachodniej. Co to znaczy?

W tym czasie w Europie Wschodniej i w Polsce były dostępne dwa towary: kompot produkowany z opium z maku i biała heroina z przemytu z Turcji, Algierii, Ameryki Południowej – z krajów, w których ją produkowano (wtedy nie było „brown sugar", czyli heroiny brązowej, którą wymyślono w latach dziewięćdziesiątych, żeby ją podawać bez iniekcji). Heroinę białą trzeba było rozpuścić, przefiltrować i wstrzyknąć. To nie był czysty towar, bo często miał 30–40 procent czystej heroiny, a resztę stanowiły jakieś wypełniacze. Sam poznałem na bajzlu Francuzów, Anglików, którzy przychodzili zachęceni opowieściami o polskiej heroinie, która dobrze zrobiona, dobrze odfiltrowana, mogła mieć nawet do 75 procent czystej heroiny. Dla nich to był szok, że można tutaj kupić tak rewelacyjny towar. Co zresztą zaowocowało po stanie wojennym wyprawą grupy polskich narkomanów z odczynnikami i z suszem makowym do Wiednia. Część Polaków jeździła do Austrii kraść samochody, część handlowała kapustą i kiszonymi ogórkami, a ci – polską heroiną. Austriakom opadły szczęki, gdy zobaczyli, że towar jest kilka razy tańszy i kilka razy lepszy od białej heroiny. Jednak zetknięcie z zachodnim biznesem narkotykowym nie wyszło chłopcom na zdrowie. Z tych siedmiu chłopaków wróciło do Polski dwóch. Pięciu znaleziono martwych. Bo ten biznes nie lubi konkurencji.

Wiesz, jak ten rynek wygląda teraz?

Oczywiście. Kiedyś bardzo często handlarze byli naszymi kumplami, z którymi chodziło się na koncerty. Mieli wszystkie substancje: heroinę, kokainę, amfetaminę itd. Jak w sklepie – do wyboru, do koloru. Teraz jest podział. Jedni handlują heroiną, inni amfetaminą oraz marihuaną i kokainą. Oddzielne grupy odbiorców. Pełna specjalizacja. W tej chwili w Polsce nie produkuje się narkotyków poza amfetaminą, metaamfetaminą i dopalaczami (umownie skracając), które są jedną wielką niewiadomą. Towar klasyczny, typu heroina, marihuana, jest raczej przywożony z innych krajów. Ludzie pracujący w tej branży mają dużo większe zyski. To są przedsiębiorstwa. Firmy z bossem, jak w amerykańskich filmach. Wejście w ten półświatek jest wejściem jak w mafię. Gdy ktoś ma długi, to musi się liczyć z tym, że jeśli ich nie odda, to straci albo palec, albo życie. To jest poważny biznes z bezwzględnymi zasadami. Zasadą jest oddać pieniądze, które się pożyczyło. Tutaj nie ma miejsca dla tak zwanych frajerów, którzy chcą oszukać dilera, wziąć towar na kreskę i nie oddać kasy. Takich ludzi likwiduje się dla postrachu.

Znasz takich dilerów?

Zdarzali mi się tacy klienci, ale na szczęście niezbyt często. Takie osoby się w terapii nie utrzymują, bo terapia ma poprawiać cały kontekst. Nie może być tak, że przyjdzie ktoś, kto jest bandziorem, i nie chce brać kokainy, ale nadal będzie nieuczciwy.

Przecież powiedziałeś, że teraz dilerzy nie biorą.

Do mnie trafiają tylko ci, którzy biorą. Bo ci mają problem. Dlatego że diler, który sam ćpa, jest śmieciem. Diler, który bierze, jest do odstrzału. Bo w tym świecie nie ma sentymentów.

Możesz o tym mówić? Nic ci nie grozi?

Mam ten przywilej, że wykonuję zawód psychoterapeuty, który podobnie jak prawnik albo ksiądz, nie ma prawnego obowiązku dzielenia się wiedzą o przestępcach. Mówimy tutaj bez nazwisk.

Diler, który handluje tylko dla zysku, ma szacunek. A jak działa diler, który ćpa?

Nie dostarcza towaru na czas?

To pół biedy. To pikuś. Jeśli diler się naćpa towarem, który ma do sprzedaży, to będzie uzupełniał braki, np. dosypując do kokainy cukru pudru, albo będzie oszukiwał na wadze. Wyobraź sobie, że masz sklep i w nim sprzedawcę, który tak robi. Wtedy go zwalniasz albo mordujesz. To jest biznes. Bardzo niebezpieczny biznes. Każdy narkoman, który chce w to wejść, bo myśli, że w ten sposób będzie miał ciągły dostęp do towaru, niech wie, że jest to wejście w mafię.

Przychodzili do mnie dilerzy z konkretnym życzeniem: „Chcę przestać brać". Oni kompletnie nie chcieli zmieniać swojego życia, tylko wyeliminować z niego narkotyki. To główny cel moich wszystkich uzależnionych klientów. Czyli przychodzą po cud. Bycie narkomanem nie sprowadza się jedynie do przyjmowania substancji. Wzięcie tej substancji ujawnia pewne zbydlęcenie. Żeby się wyleczyć, trzeba się pozbyć całego zła, które w nas jest.

# 6 Detoks

Kiedy zdecydowałeś, że musisz coś ze sobą zrobić?

Takim kulminacyjnym momentem było przedawkowanie i reanimacja w szpitalu. Wtedy odezwał się mój instynkt samozachowawczy. Powiedziałem rodzicom, że chcę się leczyć. Ale tak naprawdę chodziło mi tylko o odtrucie, czyli detoks, który żadnym leczeniem nie jest. Po prostu chciałem zmniejszyć tolerancję organizmu na narkotyki. Załatwienie detoksu w tamtych czasach było dość skomplikowane, ponieważ w Warszawie były tylko dwa miejsca, w których odtruwano narkomanów: przy Nowowiejskiej i Sobieskiego, i kolejka chętnych. Kładłeś się do szpitala i podawano ci kroplówkę, dzięki której dochodziłeś do stanu używalności. Bo kroplówka wypłukuje opiaty, a tylko tak można się pozbyć z organizmu tego badziewia, jakim jest heroina. Teraz detoks trwa maksymalnie jeden, dwa tygodnie, wtedy leżałem na nim przez miesiąc. Mój pierwszy prawdziwy detoks (slangowe określenie procesu detoksykacji). Narkomani idą na odtrucie głównie po to, żeby zbić tolerancję, żeby zmniejszyć działkę. Mało kto się leczy na detoksie (prawdziwe leczenie zaczyna się po nim). Detoks jest jak pociąg jadący do Rosji, któremu na granicy, w związku z inną szerokością torów, zmienia się koła – bo na detoksie zamienia się narkomanowi substancje nielegalne na legalne, czyli np. heroinę na metadon, suboxon czy na benzodiazepiny. Pacjent jest nadal zatruty, tylko już legalnie. Wątroba nadal obumiera, ale już w majestacie prawa.

Dostajesz całą obstawę lekową. Garści leków uspokajających, nasennych, które powodują, że leżysz jak neptek, a z ust zwisa ci wyschnięty język. Wtedy leczono takim świństwem, które nazywało się Chemiton. Na przyjmowanie go musiałem podpisać zgodę, bo obniżał ciśnienie tak, że człowiek był na krawędzi zejścia. Lek miał zmniejszyć obsesję wzięcia kolejnej dawki heroiny – taki chemiczny kaftan bezpieczeństwa. Tej kuracji od lat już się nie stosuje ze względu na niebezpieczeństwo. Ja się na nią na detoksie przy Sobieskiego załapałem. Ale żeby na niego trafić...

Byłem tak zdeterminowany, że pojechałem do doktor Pańkowskiej na Dzielną. Ominąłem kolejkę, odepchnąłem recepcjonistę, wpakowałem się do gabinetu, padłem na kolana i powiedziałem: „Błagam! Pani doktor, czy pani mnie pamięta?!". Pamiętała. I kazała wejść w procedury. Tylko niestety z procedurami związane było czekanie. A jednym z głównych problemów narkomana jest nie tylko uzależnienie od narkotyków. Jednym z głównych problemów narkomana jest niecierpliwość, stosunek do czasu. Narkoman musi mieć wszystko natychmiast, na pstryknięcie palcami. Nie ma czekania! Nie ma oswojenia się ze swoim miejscem w szeregu. Kiedy dzwoni do mnie pacjent dzisiaj o godzinie 16 i chce się zapisać, to najlepiej...

Na jutro.

Na jutro?! Dzisiaj!!! Jeśli pacjent słyszy o terminie za miesiąc, to już do mnie nie przyjdzie. On już jest w zupełnie innym miejscu. I to nie chodzi o to, że pójdzie do innego terapeuty. Daj Boże, żeby poszedł. Nie, on powie: „Kurwa, cały świat jest zły! Ojciec mnie nie kochał, matka mnie biła, dziewczyna mnie zostawiła, szkoła była beznadziejna; i ja tu się chcę leczyć, a wszyscy mnie mają w dupie!". I już jest motywacja, żeby przez kolejny rok ginąć w tym bagnie.

Doktor Pańkowska kazała mi się zapisać, co oczywiście było absurdem, bo naprawdę kolejka była niemała. Na szczęście wtedy bardzo mocno zaangażował się mój ojciec. Uruchomił wszystkie swoje kontakty i dzięki temu trafiłem do szpitala przy Sobieskiego. W tym miejscu muszę podać nazwiska dwóch najważniejszych osób w moim życiu: doktor Heleny Baran i doktor Kariny Chmielewskiej. To dwie lekarki, notabene będące teraz moimi serdecznymi koleżankami, dzięki którym mogę powiedzieć, że żyję. I trzecie nazwisko: Kasia Puławska – psycholog.

Miejsce, w którym przeprowadza się detoks jest „przecudne". Oddział detoksykacyjny oddzielony jest od reszty szpitala kratami, bo inaczej narkomani roznieśliby cały psychiatryk na strzępy. Drzwi bez klamek, siatka na oknach i obłożenie nawet 200 procent, ponieważ w salach dwuosobowych stało po pięć, sześć łóżek. I wszyscy pacjenci napaleni, żeby przyćpać. Stado wygłodniałych tygrysów. W ich głowach mogły się urodzić dziwne pomysły, stąd różne zabezpieczenia, np. byliśmy zamykani w pokojach na czas rozdawania leków, a roznosząca je pielęgniarka wchodziła z dwoma sanitariuszami; miejsce, w którym trzymano leki, przypominało sejf: gruba blacha, stalowe kraty... Bo narkoman był w stanie zrobić wszystko. I kiedyś pewien koleś zrobił: ktoś z personelu zapomniał schować maszynkę do krojenia chleba, on dorwał się do niej i próbował nią tę blachę przeciąć. Był to chłopak, który po przedawkowaniu heroiny i barbituranów (wtedy jeszcze Reladorm i cyklobarbital były na rynku; później wycofano je ze spisu leków jako nieprawdopodobnie uzależniające) zaliczył śmierć kliniczną. Jego mózg nie pracował około pięciu minut, a jest to czas, po którym mózg wykazuje już pewne deficyty w obszarze logicznego myślenia. Dlatego koleś był głęboko zaburzony psychicznie. Myśmy się go bali, bo nigdy nie wiadomo, co może strzelić do głowy choremu psychicznie, na dodatek będącemu na głodzie heroinowym.

W takim miejscu spędziłem cztery tygodnie.

Pamiętam swój pierwszy spacer. Zachowywałem się poprawnie, więc mogłem przejść się z sanitariuszem po dziedzińcu szpitala. Pamiętam to po tylu latach, ponieważ miałem wrażenie, jakbym wylądował na innej planecie. Dla kogoś, kto przez kilka lat nie dostrzegał zmian pór roku, nie dostrzegał ptaków, nie czuł zapachu świeżego powietrza, bo było mu kompletnie obojętne, czym oddycha, to był prawdziwy szok. To tak, jakbym się na nowo urodził. Wspaniałe doznanie. Tylko że z każdym kolejnym dniem pobytu na oddziale moja motywacja malała. Nie zapomnę, jak ktoś rzucił hasło, że będzie przerzut, że gdzieś niedaleko jest produkcja, że ktoś nam poda towar przez okno. W kilka osób opracowaliśmy całą akcję. Niestety, z nieznanych mi powodów, nie wypaliła. To dowód na kompletną schizofrenię narkomana – bo przy tym całym obłędzie utraty siły woli, całkowitego braku jakiegokolwiek racjonalnego zarządzania samym sobą tli się w narkomańskiej głowie światełko wiary w możliwość zmiany i w przetrwanie, światełko nadziei na znalezienie chwili spokoju i równowagi, które każą trwać w tym upiornym psychiatryku aż do „odkupienia grzechów"; po czym w ułamku sekundy pojawia się argument, żeby rzucić to w cholerę. Ćpun zawsze znajdzie pretekst, żeby nie rozpocząć leczenia. Może nim być nawet złamany paznokieć. Sam miałem już załatwione przyjęcie do szpitala na detoks, gdy z przerażeniem uświadomiłem sobie, że dokładnie 4 listopada w Sali Kongresowej gra koncert Path Metheny! A ja nie będę mógł pójść!

Muszę teraz zrobić woltę i przeskoczyć 20 lat do przodu, gdy pracowałem w szpitalu. Mieliśmy na oddziale detoksykacyjnym pacjentkę – siedemnastoletnią dziewczynę po kilkunastu próbach odtruwania, nieprawdopodobnie uzależnioną od heroiny. Prowadziłem rozmowę wspierającą. Dziewczyna miała bardzo silne głody, dostała bardzo dobre leki, była kontaktowa, ale pewien jej gest przypomniał mi o tym, o czym mówiłem przed chwilą – o kombinowaniu. Bo tak naprawdę w moim wypadku nie chodziło o koncert. Po prostu nie chciałem tego dnia iść na detoks, bo marzyło mi się zażyć jeszcze odrobinkę przyjemności; choć równocześnie pragnąłem ten obłęd zakończyć. To trochę przypomina sytuację seryjnego mordercy, który zabija i gwałci, aż w pewnym momencie wystawia się policji. Bo naprawdę, nawet w wypadku największego zbrodniarza, dochodzi do tzw. zmęczenia materiału i pojawia się myśl: „Niech ktoś to przerwie! Niech w końcu ktoś to przerwie!!!".

Rozmawiałem z tą dziewczyną przed dyżurką pielęgniarek. To miejsce zamykane na klucz, oddzielone szybą pancerną. Ponieważ pielęgniarka widziała, że stoję obok, wyszła na chwilkę, zostawiając uchylone drzwi. Zobaczyłem, że wzrok dziewczyny pomknął w stronę stojącego wewnątrz biurka, na którym leżały nożyczki. W jej oczach pojawił się błysk. Ja ten błysk zrozumiałem, bo podprogowo odwołałem się do swojego doświadczenia. Nikt, kto nie ćpał, nie jest w stanie wyobrazić sobie, co się dzieje w głowie narkomana. Ja wyprzedziłem jej tok myślenia. Zgadnij, co chciała zrobić.

Chciała się zabić?

Nie!

Ciebie!

Nie! No widzisz, nie pójdziesz tym torem! Nie pójdziesz, bo to jest zbyt skomplikowane. To tylko narkoman może coś takiego wymyślić. Musisz też wiedzieć, że bardzo niewielu narkomanów popełnia samobójstwo. To może się zdarzyć przypadkiem, z przedawkowania. Samobójstwo popełniają ci, którzy zanim zaczęli brać narkotyki, mieli już jakieś problemy psychiczne. Sam narkotyk nie pokieruje do samobójstwa, ponieważ człowiek jest dla niego żywicielem.

Mówisz o narkotyku jak o myślącej osobie!

Brawo! To jest ewidentna personifikacja. Żeby poradzić sobie z heroiną, bardzo często trzeba ją sobie spersonifikować. Wracam do dziewczyny. Otóż ona wykombinowała sobie, że weźmie te nożyczki i okaleczy się tak, że trzeba będzie ją zawieźć do szpitala na zszywanie, ponieważ takiej możliwości na tym oddziale nie było. A wiesz, co byłoby potem? Jak trafi do szpitala...

To już tam koledzy z zewnątrz dostarczą jej narkotyki.

Ucieknie. Po prostu ucieknie. Ta dziewczyna miała szatański plan, żeby wrócić do narkotyków. Naprawdę w głowie narkomana lęgną się takie rzeczy, które w głowie normalnego człowieka nigdy się nie pojawią.

Patrzę na tamte wydarzenia z perspektywy trzydziestu paru lat, siedząc w swoim gabinecie w centrum stolicy, a przecież leżałem wtedy nieprzytomny w szpitalu na OIOM-ie 200 metrów stąd!

Jestem farciarzem. Mam cholerne szczęście. Myślę, że moja historia pokazuje, ile wysiłku, ile pracy trzeba włożyć w to, żeby być człowiekiem nie tylko wolnym od narkotyków, czyli nie tylko być abstynentem, ale być też człowiekiem trzeźwym. Bo to są dwa zupełnie różne stany. Trzeba tłumaczyć pacjentom, że przejście detoksu nie jest leczeniem. To tylko zmiana substancji: z człowieka zatrutego nielegalnymi narkotykami stajesz się człowiekiem zatrutym legalnymi lekami. Obecnie apteki są najlepszymi dilerniami na świecie. Substancje dostępne w aptekach na receptę lub bez recepty biją na głowę niejedne narkotyki. Oferta jest nieprawdopodobna. Ile jeszcze musi się wydarzyć w życiu narkomana chcącego się leczyć, żeby wypłukał się całkowicie z tych leków i doszedł do momentu, w którym uspokoi biochemię mózgu? Bo trzeba pamiętać, że mózg wykazuje się pewną bezwładnością. Unormowanie jego funkcji w kwestii prawidłowego produkowania hormonów szczęścia, czyli endorfin, może potrwać nawet dwa, trzy lata.

Czyli narkotyk powinien być odstawiany łagodnie – żeby mózg miał czas na podjęcie pracy?

Są dwie szkoły. Jedna mówi o ostrym cięciu (natychmiastowym odstawieniu narkotyku) i wychodzeniu na sucho, czyli bez obstawy lekowej. Oraz druga, która się pieści z pacjentem - podaje osłonowo leki łagodzące zejście z heroiny (w tym również Metadon i suboxon), które są substytutami heroiny, czyli działają na te same receptory. To ewidentne zastąpienie jednego narkotyku drugim. Wybór opcji zależy od siły charakteru delikwenta. Co prawda w przypadku narkomana trudno o niej mówić; niemniej jednak wybór jest. Ale w obu wypadkach należy natychmiast odstawić heroinę. Powolne zmniejszanie działek jest bez sensu, ponieważ mózg otrzymuje wtedy niejasne komunikaty i nie wie, czy ma już zacząć produkować endorfiny, czy jeszcze nie.

Wróćmy do mojego detoksu. Najśmieszniejsze jest to, że im mniej narkotyku znajdowało się w moim organizmie, a więcej leków, tym słabsza była we mnie chęć na kontynuowanie stanu niećpania, niebycia narkomanem. Żeby to jeszcze bardziej skomplikować - leżałem na detoksie, odtruwałem się z heroiny, ale wmawiałem sobie, że przecież nie byłem narkomanem. Bo narkomanami byli pozostali. A ja po prostu lubiłem od czasu do czasu wziąć, żeby mieć odlot.

To według ciebie dlaczego się tam znalazłeś?

Żeby zmniejszyć działki. Przecież skoro nie byłem narkomanem, to nie musiałem się leczyć. Pomyśl, jakie procesy muszą zachodzić w głowie człowieka, że staje się takim durniem. Co ciekawe, w tamtym czasie, za sprawą mojej matki, wylądowałem w poradni mojego ówczesnego guru, a teraz przyjaciela – księdza profesora Czesława Cekiery, który pomagał uzależnionym. Zrobił mi testy na inteligencję według metodologii Wechslera. Wyszły genialnie, co utwierdziło mnie w przekonaniu, że jestem zarąbisty.

Mózgu ci nie zżarło.

Wspomniałem już, że heroina łagodnie obchodzi się ze zwojami.

Tylko nie zrozum mnie źle – to wcale nie znaczy, że skoro heroina łagodnie obchodzi się z systemem nerwowym, to jest bezpieczna. Narkotyki ograniczają prawidłowe działanie kory przedczołowej, czyli części mózgu odpowiedzialnej za emocje, planowanie, empatię, umiejętność uczenia się na błędach. Na szczęście tylko czasowo, bo mózg się wspaniale regeneruje, ale to trwa całe lata. Niestety heroina potwornie uzależnia i pozbawia człowieka jakiejkolwiek zdolności samodzielnego myślenia. To tak, jakby zarządzał nami jakiś siedzący w środku ludzik.

Motywacja do leczenia na detoksie nie istnieje. Własne doświadczenia ułatwiają mi trochę zrozumienie, że ludzie, którzy przychodzą do mnie po dwóch, trzech tygodniach odtrucia, w przeważającej większości wcale nie mają w sobie chęci do zmiany nawyków. Bo to jest naprawdę nadludzkie. Z tego powodu nie ufam im, kiedy mówią: „Panie Robercie, mam tak dosyć! Marzę o tym, żeby siąść przed telewizorem, przytulić moją żonę, odrobić z dzieckiem lekcje... Naprawdę, już nigdy więcej nie wezmę!".

I co wtedy mówisz?

„Co ty pieprzysz?! Przecież marzysz tylko, żeby przyćpać!".

Tak prosto w oczy?!

Czasami sobie pozwalam. Jeżeli jest taka możliwość. Jeżeli wyczuję, że fałsz staje się ćpuńską tarczą, to potrafię przywalić. Ale tylko po to, żeby kogoś ocucić, żeby się ocknął. Dlatego że wychodzenie z obłędu, obsesji, kiedy praktycznie cały czas myślimy o kolejnej dawce, jest niezwykle trudne. Trzeba podejść do tego z pełną pokorą, dystansem do samego siebie. Wtedy nie wolno sobie ufać. Wtedy przychodzi czas na „naukę chodzenia". Nie możesz myśleć o tym, że już nigdy więcej nie weźmiesz narkotyku. O tym nie wolno ci myśleć! Dlaczego? Ponieważ jeżeli powiesz sobie, że już nigdy więcej nie weźmiesz, to kiedy będziesz się cieszyć z osiągnięcia tego celu? Mózg człowieka musi mieć jasne, czytelne komunikaty, a szczególnie mózg narkomana. To bardzo proste, dlatego że człowieka napędza do działania wytyczanie krótkoterminowych, konkretnych celów. Jeśli stawiasz sobie cel, w którym jest słowo „nigdy", to nie określa to przedziału czasowego, którego osiągnięcie umożliwi nam poczucie się zwycięzcą.

Rozumiem. Nie wezmę przez pięć godzin! Udało się!

Brawo! To tak zwany program 24-godzinny.

Ale o tym później. Teraz skończ o detoksie.

Minęły cztery tygodnie. Wyszedłem na wolność.

Otumaniony lekami?

Leki są nieważne...

Ale co zrobili lekarze?!

Dali kroplówki, odtruli, doprowadzili do stanu wyzerowania opiatów w moim organizmie.

I uważali, że wszystko w porządku?

Nie.

Skierowali cię do psychologa?

To byłoby za głupie. Miałem świetną obstawę. Miałem Kaśkę psychologa, miałem dwie lekarki. One wiedziały, że pierwsze, co zrobi każdy, kto wychodzi z detoksu, to jeszcze tego samego dnia poleci po towar. I znowu wejdzie w kolejny obłęd trwający pół roku lub rok. Znam przypadki ludzi, którzy na detoksie są co dwa miesiące. Czy to jest logiczne?

Nie.

Mało tego – jest bezsensowne. Przecież to nie narkoman za to płaci, tylko NFZ. Kompletna strata pieniędzy.

Ale lekarz ma obowiązek pomagać.

Tylko że detoks nie jest żadnym leczeniem. Jest tylko zbiciem działek, więc uważam, że powinna być częściowa odpłatność.

Wróćmy do mnie. Wyszedłem z detoksu, czekał na mnie samochód mojego ojca, wrzuciłem rzeczy i pojechaliśmy do Częstochowy, do ośrodka katolickiego, który załatwiła moja mama dzięki księdzu prof. Czesławowi Cekierze. Żeby było jasne – nie miałem w sobie żadnej gotowości na modlitwę. Nie byłem gotowy ani na zielonoświątkowców, ani na jakieś mistyczne spotkania. Miałem to dokładnie w dupie. Ja chciałem tylko i wyłącznie ćpać.

Ośrodek prowadził koleś, który po pół roku przerwał swoje leczenie w Monarze. Prowadził go, stosując monarowską formułę, czyli dokopać. W Monarze delikwenci nosili na szyi tabliczki z napisem: „Jestem chujem", bo tak mieli się poczuć. Tutaj tabliczek nie było, ale na każdym kroku pokazywano ci, że jesteś zerem. W tym ośrodku do bladego świtu wybierałem wiadrami szambo i wynosiłem do lasu, rąbałem drewno do pieca, przerzucałem tony węgla z miejsca na miejsce (co średnio mi wychodziło, bo przez ćpanie schudłem około 40 kg i mając prawie dwa metry, ledwo utrzymywałem swoje ciało w pionie). Bo to miało zabić we mnie ćpuna.

Jednak we mnie zabijało też resztki człowieczeństwa. To nie była propozycja dla mnie. Ja byłem humanistą. Facetem, który oczekiwał rozmowy z drugim człowiekiem, a nie tego, żeby mu non stop dowalać. Ta ciężka praca fizyczna była do wytrzymania, ale mnie brakowało zwykłej ludzkiej akceptacji. Potrzebowałem, żeby ktoś powiedział: „Chłopie, nie jest źle! Wytrzymałeś cztery tygodnie!". A słyszałem: „Jesteś skurwysynem, ćpunem!". (Ta formuła sprawdza się w niektórych rysach osobowości, dlatego całe szczęście, że teraz mamy wybór ośrodków).

To był gwałt na mojej tożsamości. Nie byłem w stanie tych metod zaakceptować. Czułem się tam, jakbym znalazł się pięć tysięcy kilometrów od Polski, na wygnaniu. Po tygodniu nie wytrzymałem. Powiedziałem: „Spadam".

Wróciłem do Warszawy... i gdy tylko pociąg zajechał na Dworzec Centralny, zostawiłem rzeczy w skrytce i wyruszyłem na poszukiwanie towaru. Kupiłem, przypakowałem. Ale był to najgorszy towar, jaki w moim życiu załatwiłem. Prawie nic nie poczułem. Nie miałem już pieniędzy, więc taki lekko smyrnięty wróciłem do domu. Przywitałem się z rodzicami i poszedłem spać. Zasnąłem w gotowości, żeby znów zanurzyć się w otchłani heroinowej rozkoszy. Już miałem obmyślony plan. Wiedziałem, skąd wezmę pieniądze, dokąd pójdę. Rano obudziło mnie szarpanie za ramię. Ojciec ściągnął mnie siłą z łóżka, w pośpiechu zapakowano do torby moje rzeczy i wsadzono mnie do samochodu. Zostałem zawieziony na detoks na Sobieskiego.

Przecież niewiele wziąłeś, to po co mieli cię czyścić?

Już nie czyścić. Po prostu zamknęli mnie tam, żebym nie uciekł. (Dzięki, tato, że to zrobiłeś!). Bo byłem seryjnym mordercą samego siebie. Byłem ekspertem w zabijaniu resztek świadomości i logiki w działaniu.

# 7 Ośrodek

Zostałeś zamknięty przy Sobieskiego. Na długo?

Na kilka godzin, do czasu przetransportowania do nowego ośrodka. Ojciec, nie wiem jakim cudem, załatwił mi ośrodek dla narkomanów w Zagórzu pod Warszawą. Zostałem tam zawieziony przez Adama Kiedrzyńskiego, jednego z pracujących w nim terapeutów. Nie miałem pojęcia, dokąd jadę. Godziłem się na wszystko, bo miałem już kompletnie dosyć.

Założycielem „Zagórza", czyli Neuropsychiatrycznego Sanatorium dla Dzieci i Młodzieży, był wspaniały przedwojenny psychiatra profesor Kazimierz Dąbrowski, twórca koncepcji leczenia uzależnień metodami społeczności terapeutycznej oraz dezintegracją pozytywną (powszechnie stosowanymi przez Carla Dedericha w amerykańskim Synanonie oraz w Polsce przez Marka Kotańskiego w ośrodkach Monaru). Zagórze to był fantastyczny ośrodek. Z oddziałami dla dzieciaków, dla młodzieży, dla dorosłych, dla osób z porażeniem mózgowym. Naprawdę jeden z ciekawszych zakładów pracy z młodzieżą i dziećmi.

Na dodatek położony w pięknym miejscu, ze wspaniałym parkiem.

I właśnie tam trafiłem. Znalazłem się na oddziale dla młodych dorosłych, kierowanym przez Adama Kiedrzyńskiego. Na szczęście dla mnie był to ośrodek prowadzony nie przez Monar, tylko przez nieżyjącą już świetną psychiatrę dr Ewę Andrzejewską – cudowną, wspaniałą kobietę, która bardzo kochała ludzi z problemami (być może dlatego, że sama miała problem z alkoholem). Na szczęście dla mnie – bo chociaż dezintegracja pozytywna bywa potrzebna, to jednak musi być prowadzona z miłością i sensem, a tego w ośrodku pod Częstochową zabrakło, tam zostałem potraktowany jak śmieć.

Ośrodek w Zagórzu był kompletnie inny, co nie znaczy, że było łatwo. Panowały w nim twarde, ale logiczne i racjonalne zasady (zrozumiałe nawet dla takiego anarchisty i buntownika jak ja). Na dzień dobry rewizja osobista, przejrzenie wszystkich rzeczy, no i siknięcie.

Siknięcie?

Oddanie moczu do słoiczka, żeby sprawdzić, czy nie ma w nim śladu narkotyków. Ale wtedy badania tego nie robiono na *cito*, bo próbki wysyłano do laboratorium w Warszawie, skąd dopiero po jakimś czasie przychodziły wyniki. Więc kiedy spytano mnie, czy jestem czysty, odpowiedziałem: „Tak, oczywiście!”. Skłamałem, ponieważ bałem się, że inaczej mnie nie przyjmą. Tymczasem jeśli człowiek decyduje się na leczenie w ośrodku, powinien się całkowicie obnażyć. Trzeba dosłownie i w przenośni rozebrać się do naga i uzewnętrznić całe swoje szaleństwo. Dopiero wtedy terapia ma sens. Inaczej szkoda na nią czasu. Tylko że ja tego nie wiedziałem. Nic nie wiedziałem. A szczególnie o sobie, czyli: kim jestem, po co żyję i jaki jest sens mojej obecności na tym padole łez...

Spodobało mi się to miejsce, bo okazało się, że pensjonariusze, którzy tam przebywają, to nie są przestępcy po wyrokach, jak w ośrodku pod Częstochową, lecz ludzie, z którymi mogę się zakumplować. Spodobało mi się to miejsce towarzysko, bo moim celem wtedy nie było wyjście z nałogu, tylko zmniejszenie tolerancji na heroinę. W moim odczuciu zredukowanie tolerancji miało umożliwić mi normalne życie po wyjściu z ośrodka. Wtedy jeszcze naiwnie sądziłem, że można się nauczyć kontrolowanego ćpania. Na samym początku leczenia motywacja do życia w abstynencji nie istnieje. Nie wierzę w deklaracje pacjentów po detoksie, którzy mówią, że już nigdy więcej nie wezmą. Tego absolutnie nie da się zrealizować. Każda komórka ciała woła: „Daj mi heroinę!". Czy ktoś, kto spędził tydzień na pustyni bez jedzenia i wody, będzie myślał o rozwoju osobistym? On ma to w dupie. Bo on marzy o tym, żeby się napić wody. Przypominam, co mówiłem o piramidzie Maslowa – że chęć wzięcia narkotyku jest silniejsza nawet od głodu i pragnienia.

Pamiętam jak dziś, że byłem już na tyle odwirowany, czyli odtruty z chemii, że mój umysł zaczął wracać do lekkiej równowagi biochemicznej. Jednak do normalności droga była jeszcze bardzo odległa. Na przyjęciówce, czyli zebraniu grupy pensjonariuszy z różnym stażem pobytu w ośrodku, którzy przyjmują nowego pacjenta, odegrałem przekonująco i skutecznie scenkę pod tytułem „Robert Rutkowski chce się leczyć". Mimo że chciałem, ale też marzyłem, aby się naćpać. To trudne do pogodzenia, potworne rozdarcie wewnętrzne.

W ośrodku miałem przebywać dwa lata. Przez pierwszy rok miałem zaliczyć pracę terapeutyczną; rok drugi to faza readaptacyjna przed wyjściem na pełną wolność, tak zwany hostel.

Miałeś tam być zamknięty przez dwa lata?!

Przecież sam się na tę izolację zgodziłem. Ale nie do końca byłem zamknięty. Mogłem wychodzić poza ośrodek, gdy społeczność terapeutyczna wyraziła na to zgodę. (Społeczność terapeutyczna to grupa pacjentów i terapeutów, którym przysługują takie same prawa. Pacjenci i kadra terapeutyczna to mieszkańcy, a ośrodek to Dom). Wszystkie decyzje były podejmowane wspólnie. I głos pensjonariusza był traktowany na równi z głosem osoby z kadry. Zasmarkany ćpun, po tym jak wykazał się jakimś dokonaniami, wypracowywał sobie prawo głosu. Być może pierwsze prawo w jego beznadziejnym życiu. To niezwykle ważny element w leczeniu. Przyjeżdżasz jako zero, nie masz absolutnie żadnych praw, nie wolno ci nic zrobić samemu (nawet do toalety idziesz ze swoim opiekunem); możesz tylko kopać doły, sprzątać, zamiatać. A praca w kuchni, przygotowywanie posiłków – to zaszczyt, nagroda. Na to trzeba zasłużyć.

Zamieszkałem w ośrodku na przełomie jesieni i zimy. Zacząłem od zamiatania liści i odśnieżania. Miotła, szufla, grabie, miotła, szufla... – na okrągło. W tym wielkim zagórzańskim parku zapierniczałem jak osiołek od rana do wieczora, z przerwami na posiłki i rozmowy z psychologiem. I powiem coś, co jest najważniejsze w tej całej układance – mnie się to zaczęło podobać! Pokochałem regulamin. Zaczęło mi się podobać wykonywanie prostych, banalnych czynności: wspólne przygotowywanie posiłków, ich wspólne jedzenie, wspólne dbanie o porządek w Domu – w pokojach, toaletach, na podwórku. Czułem się jak człowiek, który odzyskał wzrok, smak, słuch i czucie. Powtarzalność pewnych rytuałów to podstawa egzystencji człowieka. Zachód słońca, zmierzch – świat się kładzie do snu. Słońce się podnosi na wschodzie – świat się budzi, a my razem z nim. I zaczyna się łapać rytm, którego do tej pory nie znałem. Bo przez cztery lata ćpania kompletnie zapomniałem o czymś takim, jak rytm biologiczny. Rytm działania narzucał mi głód narkotykowy. Narkomani nie zauważają pór roku. Pamiętam, że gdy rozstałem się z koszykówką, była jesień; potem miałem czteroletnią dziurę i dopiero w Zagórzu ponownie przejrzałem na oczy. I nagle okazało się, że moim sprzymierzeńcem może być przyroda. Patrzenie na zachód słońca, na chmury, na opadające liście uświadamiało mi pewien rytm. Nagle stałem się częścią wszechświata. Ja, ten śmieć, ten ćpun, który dostawał pały od policjantów na dołku; ten ćpun, którego nie raz pobili i okradli dilerzy; który dostawał wpiernicz tylko z tego powodu, że był. I nagle ten ćpun zaczął się czuć częścią wszechświata. To nie jest terapeutyczne? To jak odkrycie Ameryki! To było dla mnie odkrycie nowego lądu – odkrycie samego siebie.

W ośrodku obowiązywał tygodniowy okres próbny. Trafiłem tam w aureoli koszykarza, ponieważ część ludzi pamiętała mnie z tzw. ulicy. Nie miało znaczenia, że byłego koszykarza (Narkomanom na ulicy imponowało, że znalazł się wśród nich były reprezentant Polski, bo to im pokazywało, że nie są tacy beznadziejni, skoro razem z nimi tonął w tym gównie sportowiec, strażak, pielęgniarka, lekarz, a nawet policjant). Tak się złożyło, że w tym czasie miał być rozgrywany mecz koszykówki między ośrodkami w Zagórzu i Garwolinie. Wiadomo było, że jeśli zagram, to prawdopodobnie dla mojej drużyny zdobędę większość punktów. Ale nie wzięli mnie, bo na udział w meczu trzeba było zapracować. Strasznie chciałem zagrać, przekonywałem: „Debile, przecież wygramy ten mecz!". A przecież nie o to chodziło! Przyjechałem do ośrodka bez cienia pokory: zadufany w sobie, przekonany, że nie jestem nałogowcem. Mnie się wydawało, że mam mały problem, który mogę kontrolować. Na szczęście w Zagórzu pracowała świetna kadra. Jednym z moich ówczesnych terapeutów był Piotrek Jabłoński (teraz jest dyrektorem Krajowego Biura ds. Przeciwdziałania

Narkomanii i moim przyjacielem), któremu zawdzięczam moją przemianę. Wiedział, że trzeba mi nakłaść do głowy – czasami delikatnie, a czasami kopiąc w tyłek. Formuła kija i marchewki – taki behawioralny elementarz – to skuteczny patent na niepokornych ćpunów.

Wspomniałem, że ośrodek w Zagórzu bazował na społeczności terapeutycznej, czyli kadra wychowawców (psychologów po studiach) dawała nam poczucie współodpowiedzialności. Raz w tygodniu odbywały się tzw. społeczności – spotkania, na których omawiane były bieżące sprawy, a dodatkowo, gdy zachodziła taka potrzeba (np. gdy ktoś się gorzej poczuł, złapał doła, chciał wyjechać), społeczność interwencyjna. Podczas społeczności każdy mógł powiedzieć o swoich zastrzeżeniach, np.: „Nie podoba mi się, że bekasz przy jedzeniu!" albo: „Jesteś nieuczciwy w stosunku do grupy, bo łapiesz kojary".

To znaczy?

Stany rozkojarzenia, rozmarzenia, że fajnie byłoby się naćpać. Dlatego na początku pobytu w Domu jest całkowity zakaz słuchania muzyki, zakaz czytania nieodpowiednich książek. Całkowity zamordyzm. Przez pierwsze dwa miesiące jesteś odcięty od telefonu. Na rozmowę telefoniczną musisz zapracować. Nawet na wzięcie prysznica musisz mieć zgodę. O wszystkim decydowała społeczność. Również o tym, czy delikwent zaliczył okres próbny i czy można go przyjąć do ośrodka.

Mnie przyjęto do niego, prawie wnosząc w lektyce. Użyłem całej swojej inteligencji, elokwencji, erudycji, umiejętności czarowania – i po prostu się we mnie zakochali. A ja byłem zwykłym palantem, który ich okłamał! Nie powiedziałem im najważniejszej rzeczy: że pomiędzy ostatnim detoksem a pojawieniem się u nich złamałem abstynencję. To nie chodzi o to, że ich oszukałem, że mogli się poczuć urażeni; chodzi o to, że powiedzenie prawdy jest podstawą, bazą dla procesu leczenia. Ktoś, kto w trakcie leczenie kłamie, marnuje czas, bo po wyjściu na wolność znów będzie ćpał. Ośrodek zwany Domem to fantazyjna oaza uczciwości na oceanie kłamstwa i obłudy. Naiwne? Nie szkodzi. Grunt, że skuteczne.

To czym ich zauroczyłeś?

Epatowałem tym, że tatuś mnie nie kochał, że jestem taki nieszczęśliwy. Opowiadając o tym, prawie się rozpłakałem. Byłem niezłym aktorem. (Bo zapomniałem ci powiedzieć, że kiedy jeszcze nie byłem zatwardziałym ćpunem, chodziłem do teatru na zajęcia pantomimy). Tak bardzo chciałem, żeby mnie polubili! Zgrywałem fajnego, uśmiechniętego faceta, ciężko doświadczonego przez życie.

Przecież oni wszyscy byli ciężko doświadczeni.

Ale ja to robiłem po mistrzowsku! (Na marginesie – im ktoś bardziej czaruje: zagaduje, gestykuluje, barwnie żongluje słowami, tym większe prawdopodobieństwo, że ma coś pod skórą). A poza tym trochę podkoloryzowałem opis ośrodka w Częstochowie, z którego uciekłem. Faktycznie, było w nim ciężko, ale w mojej opowieści jawił się on jak najgorsze więzienie. Musiałem jakoś wytłumaczyć swoją ucieczkę. Przecież nie mogłem się przyznać, że chciało mi się ćpać.

Przyjęto mnie na pobyt stały. W ośrodku obowiązywały dyżury. Co tydzień każdy dostawał nowy rejon. Nie zapomnę, jak pierwszy raz posprzątałem łazienkę, najlepiej jak umiałem. Odbierał ją Robert Kowalski, mój kolega z przeszłości, a teraz starszak. Kazał mi poprawiać. Wtedy jeszcze nie rozumiałem, że choć nie wiem jak bardzo bym się starał wykonać jakiekolwiek polecenie, to i tak nie było możliwości, żeby zrobić to dobrze i nie dostać ochrzanu. Więc trzeba było poprawiać, poprawiać... nawet do samego świtu. To było deprymujące, ale we mnie odezwało się sportowe zacięcie, które pozwoliło mi to wszystko przetrzymać.

Normalny, zdrowy człowiek by tego nie wytrzymał. Mnie trafiłby szlag już po pierwszym dniu.

Ale ja nie byłem normalnym człowiekiem. Byłem narkomanem. I chociaż z jednej strony tkwiło we mnie to ćpuńskie poczucie, że jestem lepszy, wyjątkowy, że jako nieliczny z nich mam maturę, większy zasób słów i pochodzę z inteligenckiej rodziny, to z drugiej strony miałem dość tej swojej narkomańskiej cząstki. Na początku się trochę „wywyższałem", ale z każdym dniem, z każdym tygodniem nabierałem pokory.

Przypomnę, że w takich ośrodkach jest zakaz obcowania seksualnego. To jest o tyle trudne, że wyposzczeni impotenci, którzy odzyskali sprawność, naprawdę w głowie mają tylko jedno. A sytuacja, że w ośrodku przebywają również kobiety, jest dużym wyzwaniem.

Ten popęd seksualny był dosyć uciążliwy. Do tego dochodził zakaz szeptania, kombinowania, wchodzenia w układy.

Nie można było się z kimś bardziej zakolegować niż z innymi?

Zero układów to podstawa. Ale mnie jeden koleś wydał się bardziej kontaktowy, zacząłem się z nim kumplować: rozmawiać o muzyce, o książkach, o bólu egzystencjalnym. Gaworzyliśmy tak sobie, przybijaliśmy piątki, po czym na najbliższej społeczności on wyjeżdża z tekstem, że jestem zwykłym złamasem, ćpunem. Dlatego, że się z nim wpieprzam w układ, że jestem dla niego zagrożeniem. Wtedy wybałuszyłem oczy, że ktoś, kogo obdarzasz zaufaniem, robi ci takie świństwo. Dopiero później zrozumiałem, że każda przyjaźń z ćpunem jest zagrożeniem dla twojej abstynencji. Nie możesz w ośrodku szukać przyjaciół, bo ty masz się tutaj leczyć. A jeżeli się z kimś zaprzyjaźnisz, to automatycznie będziesz się chciał wywyższać lub coś kumplowi ułatwić: lepszą pracę, lepszy posiłek... Tak jak na wolności – szukasz kumpli w pracy, żeby poobrabiać szefowi dupę, żeby się lepiej ustawić w jakimś projekcie. Tak wygląda życie. Ale w ośrodku masz być od tego typu pokus czysty. Bo narkomania to nie tylko używanie substancji, żeby się odurzyć. To jest również nielojalność, nieuczciwość, lenistwo, cwaniactwo, kombinowanie, szukanie skrótu, obejścia. I chociaż nie ma już w tobie substancji chemicznych, zostają jednak wszystkie skurwysyństwa, które trzeba wyplenić. I dlatego w ośrodku ma być sterylnie, wzorcowo jak w niebie. Ośrodek jest miejscem absolutnie odrealnionym, oderwanym od rzeczywistości. Jest pewnym sztucznym tworem, który ma ci pokazać, jak powinno wyglądać życie.

Przebywałem w ośrodku już dwa miesiące. Miałem swoją pozycję, miałem już pewne prawa i nawet doczekałem się dwugodzinnych przepustek (oczywiście trzeba było punktualnie wrócić, bo inaczej dostawało się dodatkowo ciężkie prace, sprzątanie). Mogłem wyjść sam i robić, co chciałem. Ale dwie godziny to za mało, żeby wybrać się gdzieś dalej. Więc poszedłem do pobliskiego lasu. Nie wyobrażasz sobie, jak wspaniałym uczuciem jest możliwość wyboru tej ścieżki, a nie innej, możliwość zadecydowania, że teraz pójdę w prawo, a teraz pogapię się na drzewa. Dla mnie, po dwóch miesiącach zakazu swobodnego poruszania się, to wyjście na zewnątrz było tak oszałamiające jak narkotyk. Jedna z definicji wolności mówi: „Wolność to możliwość wyboru". Ja przez kilka ostatnich lat żadnego wyboru nie miałem. W głowie był tylko jeden cel: zdobyć pieniądze na narkotyk. Byłem niewolnikiem.

Teraz rosnące we mnie poczucie, że to ja decyduję o swoich wyborach, zaczęło mi się coraz bardziej podobać.

W tym czasie zorganizowano wyjazd w góry. Znalazłem się w grupie wybrańców – ludzi, którzy rokują. Nauczyłem się jeździć na nartach. Przypomniałem sobie, jak wspaniała jest aktywność fizyczna.

Ten wyjazd rozbudził we mnie apetyt na trwanie w procesie zdrowienia. Pamiętam jak dziś, gdy po powrocie z nart obudziłem się przed porannym apelem, wyjrzałem przez okno, zobaczyłem słońce, topniejący śnieg, wyłaniającą się miejscami trawę i po raz pierwszy pomyślałem, że trzeźwość wcale nie jest taka upierdliwa. Zaczęła mi się podobać. To był pierwszy dzień zmiany w mojej głowie. I tak, jak do tej pory byłem w ośrodku tylko po to, żeby zmniejszyć działkę, tak teraz chciałem zacząć się leczyć, choć nie do końca jeszcze rozumiałem, czym to leczenie jest.

I wtedy, kiedy byłem gotów, kiedy tak długo czekałem, żeby tę chęć wyjścia z nałogu poczuć, pewnego dnia podczas społeczności wszyscy się dowiedzieli, że przysłano wyniki badań mojego moczu, z których czarno na białym wynika, że przyjechałem do ośrodka naćpany.

Po przeszło dwóch miesiącach?!

Wtedy tak długo to trwało. Co ważne – kiedy oddawałem mocz, kontrolował mnie chłopak z ośrodka. Błagałem go, żeby nasikał za mnie. Nie zgodził się, a ja poczułem się strasznie skrzywdzony.

Przyznam ci się, że przez ten cały czas czekałem na wynik badania jak na wyrok. Tak jak seryjny morderca, który wie, że go złapią.

Ten chłopak nie doniósł na ciebie?

Nie. To nie takie oczywiste, że musiał na mnie donieść do kadry (skoro policja cię kontroluje, ale bierze w łapę i wchodzi w układ, bo na przykład jesteś znanym aktorem lub politykiem). Poza tym miałem zatruty i mocz, i łeb, bo pojawiłem się w ośrodku „stamtąd", czyli z narkomańskiego bajzla, gdzie kłamstwo to chleb powszedni. Liczyłem na to, że gościa można zmanipulować. Nie dał się, ale tylko połowicznie, bo chociaż moczu nie zamienił, to wszedł ze mną w układ, bo nie podkablował. Nieświadomie go skrzywdziłem. Zaszkodziła mu ta sytuacja, bo po pewnym czasie został wywalony karnie za jakieś błahe przewinienie.

Stało się, ale teraz byłeś czysty. Zapracowałeś na swoją pozycję.

Złamałem regulamin, a tam nie ma przebacz.

Ale przez te dwa miesiące się zmieniłeś. Byłeś lepszym człowiekiem.

Wcale się takim nie stałem.

Lecz mogli tak pomyśleć.

Doświadczeni terapeuci nigdy tak nie pomyślą. Włącza się w tobie humanitaryzm, który w wypadku narkomanów trzeba czasami wyłączyć. Pamiętaj, że narkomani to oszuści. To są ludzie, którzy potrafią sprzedać własne dziecko za towar. Tu nie ma miejsca na litość, współczucie. To jest piekło. Piekło na poziomie świadomości. Na poziomie woli. Tu nie istnieje braterstwo, lojalność, wdzięczność; liczy się tylko zorganizowanie towaru. W stosunku do narkomana, który łamie zasady i wchodzi do ośrodka naćpany, choć tego na pierwszy rzut oka nie widać, jedyną słuszną decyzją jest usunięcie z ośrodka. Nie miałem prawa oczekiwać indywidualnego podejścia. Mówiąc metaforycznie: pobyt w ośrodku to taka dwuletnia spowiedź, a rozgrzeszeniem jest talon na życie. Ukryjesz coś – jesteś idiotą, który myśli, że rozgrzeszenie po kłamstwach będzie działać i mieć sens.

Wyrzucili cię?

Odbyło się głosowanie. Stanąłem przed „sądem ostatecznym", przed ludźmi, w rękach których spoczywał mój los. Zostałem w ośrodku. Zadecydował o tym jeden głos! Jeden jedyny głos! Jest duże prawdopodobieństwo, że gdyby mnie wtedy wyrzucili, to dziś już bym nie żył. Nie bez kozery w niektórych ośrodkach, gdy ktoś opuszczał je dobrowolnie przed zakończeniem leczenia, wieszano w widocznym miejscu klepsydrę z jego imieniem i nazwiskiem. To był przekaz dla innych pensjonariuszy, że jedyne, co czeka takiego delikwenta po drugiej stronie, to złoty strzał. I tak się często zdarzało. Podczas mojego pobytu w ośrodku po wyjściu na własne życzenie przedawkowało trzech pacjentów (co ciekawe – jeden z nich skończył pełen cykl leczenia; musiał nieźle oszukiwać).

Kiedy usłyszałem, że zostaję dzięki jednemu głosowi, po prostu się rozpłakałem. Ze szczęścia. Naprawdę chciałem już normalnie żyć, chciałem już być trzeźwy. To był dzień mojego katharsis. Tak naprawdę pierwszy dzień mojego leczenia, czyli pragnienia życia bez kłamstwa, fałszu, aktorstwa. Uczciwe życie to tak naprawdę przywilej, a nie obowiązek. I powoli zaczęło to do mnie docierać.

# 8 Rozdroże

Zostałeś w ośrodku, ale chyba już nie traktowano cię tak jak parę dni wcześniej?

Oczywiście zostałem ukarany. Pracowałem wtedy na oddziale, na którym przebywały dzieci z porażeniem mózgowym. Dobrze mi szło, bo miałem zacięcie pedagogiczne, poza tym to pielęgnowało mój pierwiastek humanisty. To było naprawdę niezwykłe doświadczenie. Zasada „pomagając innym – pomagasz samemu sobie" naprawdę ma sens. Ta praca była dla mnie nagrodą. Ale zabrano mi ją i wylądowałem w warsztacie ślusarskim. Lecz chociaż była to praca fizyczna, wykonywałem ją z przyjemnością. Zresztą tak jak każdą. Nawet wydawanie jakichś pierdół z magazynu, co robiłem przez kilka miesięcy, może dawać satysfakcję, uczynić człowieka szczęśliwym.

Odnajdywałem potwierdzenie tego, co w czasie II wojny światowej zbezcześcili naziści: „Arbeit macht frei" – „Praca czyni wolnym". Praca plus społeczności były ważnym elementem w ośrodku. To fundament pracy terapeutycznej z narkomanami.

A indywidualne sesje z terapeutą?

Żadnej z nich nie pamiętam. Przy całym szacunku dla tamtej kadry, która się świetnie sprawdzała w kontekście całości, to starym wyjadaczom miała mało do zaproponowania. W większości przypadków byli to ludzie świeżo po studiach, niewiele od nas starsi. Poza Piotrkiem Jabłońskim, który był dla nas trochę jak guru. Miał autorytet. To był mocny, sprytny facet, wiedzący, jakie z nas skurwiele, więc potrafił nam boleśnie, ale z wyczuciem dokopać.

Ośrodek zaczął mi się podobać. Zacząłem wchodzić w jego rytm, czuć się częścią tej społeczności, zacząłem wyobrażać sobie swoje przyszłe życie w ośrodku i poza nim. Wtedy też uległ rozbiciu mój wewnętrzny Karol. To metafora, której używam, ponieważ każdy narkoman uzależniony od różnych substancji psychoaktywnych ma w swoim otoczeniu kolegę, któremu udaje się kontrolować swoje ćpanie. Kiedy wchodziłem w świat narkotyków, poznałem Karola, który miał żonę, dwójkę dzieci, pracował zawodowo, normalnie funkcjonował społecznie i raz na jakiś czas podćpywał. Ja wpieprzyłem się w nałóg na całego, zrujnowałem swoje życie szkolne, sportowe, społeczne, a on nadal był tym, który raz na jakiś czas brał sobie sportowo heroinę. Przyjechałem do ośrodka, mając poczucie, że sportowe branie heroiny jest możliwe – skoro Karol może. Bardzo wielu moich pacjentów ma takiego wewnętrznego Karola.

Czyli tak można?

Do czasu. Któregoś dnia dowiedziałem się od nowo przyjętego pensjonariusza, że mój Karol stał się producentem polskiej heroiny. Po czym minęły dwa lub trzy miesiące i w jednym z programów informacyjnych podano, że listem gończym poszukiwany jest największy producent polskiej heroiny. I zdjęcie. Karola! A po miesiącu dowiedziałem się, że facet nie żyje. Przedawkował. Tak runął ostatni bastion w mojej głowie, że można kontrolować ćpanie heroiny. Jest to możliwe z innymi substancjami odurzającymi, ale nie z heroiną. Bo heroina jest nieprawdopodobnie silnie działającym narkotykiem, wprowadza w stan rozkoszy. Ktoś, kto nie doświadczył jej działania, nigdy nie wyobrazi sobie, co powoduje w głowie człowieka, który ją sobie zaaplikuje. Miles Davis, Ray Charles, Billie Holiday… jest cała masa ludzi, którym nie udało się kontrolować brania heroiny, nawet gdy bardzo tego pragnęli. Musieli definitywnie przestać. A wiesz, co było moją największą fantazją, wspanialszą niż fantazje erotyczne? Mieć 10 kilogramów heroiny, zamieszkać w Bieszczadach i sobie raz na jakiś czas pykać. Tymczasem mit, że sportowe branie jest możliwe, wraz z Karolem umarł.

Przyszła wiosna i pojawił się plan wspólnego wyjazdu na żaglówki. Piotrek Jabłoński wydelegował szczęśliwców. Znalazłem się w ich gronie. Musieliśmy solidnie się przygotować. Robiliśmy rzeczy, o których większość z nas nie miała pojęcia. Uczyliśmy się teorii żeglarskiej, wykonywania węzłów marynarskich, ale też robienia przetworów i peklowania mięsa w weki. Przygotowywaliśmy się jak do podróży na inny kontynent, ale sprawiało nam to ogromną frajdę. Wypłynęliśmy z Zegrza w kierunku Mazur. To była podróż mojego życia. Trwała chyba z miesiąc. Wspaniałe doświadczenie, które jest też dowodem na to, że im więcej się dzieje w twoim trzeźwym życiu, tym większy i grubszy mur oddziela cię od przeszłości.

No to w tym ośrodku byłeś na fajnych wakacjach!

Na wakacjach, w trakcie których wysłuchiwałem na swój temat niekoniecznie miłych rzeczy. Kiedy na społecznościach dowiadywałem się, jaki jestem pokręcony. Nieraz bolało, nieraz miałem łzy w oczach, gdy mi dokopywano.

A pamiętasz coś, co zabolało najbardziej?

Najtrudniejsza do przełknięcia była psychodrama, w której uczestniczyłem. To było jeszcze przed wyjazdem na żagle. Prowadził ją Piotrek Jabłoński z jeszcze jednym terapeutą, a tematem była moja ówczesna dziewczyna Kaśka.

Też ćpunka?

Też. Ale ona tylko podćpywała. Czasami przyjeżdżała mnie odwiedzić. I któregoś dnia (to jest najgorsze) przyjechała do ośrodka naćpana.

To kto ją tam wpuścił?

No właśnie. W dyżurce siedziała kończąca studia Dorota, która nie zorientowała się, że Kaśka jest naćpana. A widok osoby naćpanej mógł spowodować, że połowa ludzi z ośrodka mogła nagle pójść ćpać. To był kardynalny błąd (który zresztą nigdy nie wyszedł na jaw).

A co powinna zrobić dyżurująca osoba?

Każdemu, kto przychodził do ośrodka, należało sprawdzić reakcję źrenic.

A zachowanie?

To zależy od ilości narkotyku. Przy większej dawce jest euforia, którą widać, ale przy małej jesteś kontaktową osobą. Dorota się nie zorientowała. Nie przyłożyła się do obowiązków. Nieświadomie naraziła życie wielu osób.

Miałem już wtedy przepustki, więc gdy ktoś mnie odwiedzał, mogłem z nim pójść do lasu pospacerować. Kiedy zorientowałem się, że Kaśka jest naćpana, to – o dziwo – nie przyszła chęć, żeby się spakować i wyjechać, tylko pojawił się strach. Autentycznie się przestraszyłem.

Czego?

Siebie. Tego ćpuna, który był uśpiony. Bo były we mnie zatrute kawałki. Ten wewnętrzny ćpun cały czas we mnie żył. On tylko czekał, żeby znów o sobie przypomnieć. Bo chęć naćpania, chociaż nie była już constans, niemniej była jak sinusoida. I w tym momencie, kiedy chciałem być trzeźwy, kiedy chciałem już inaczej żyć, widok osoby na haju mógł mnie ściągnąć w dół.

W ośrodku nie wiedzieli, że Kaśka przyjechała naćpana, ale była osobą z zewnątrz, która miała kontakt z narkotykami, więc była zagrożeniem dla innych.

Stąd ta psychodrama?

Tak. Psychodrama miała mnie wyleczyć z Kaśki. Zainscenizowano scenkę, że spotykam ją na ulicy i mówię, że już nie chcę z nią być. Teoretycznie odegranie takiej sceny powinno być dla mnie łatwe, bo jak mówiłem, chodziłem wcześniej na zajęcia pantomimy. Tylko że ja wcale nie chciałem się z Kaśką rozstawać. Z trudem i płaczem udało mi się tę psychodramę skończyć. Zadziałało. Rozstanie z Kaśką stało się faktem. Już nigdy nie wróciliśmy do siebie. Być może to wydarzenie również miało znaczenie w moim dalszym pobycie w ośrodku i w procesie leczenia. Bo chociaż było to rozstanie symboliczne, mózg zapamiętuje je inaczej.

Symboliczny był dla mnie również powrót z żaglówek. Kończył się powoli mój pierwszy okres pobytu w ośrodku i miałem aplikować do kolejnego etapu leczenia – do tzw. hostelu. Na tym etapie jest się jedną nogą w ośrodku, a drugą – poza nim. Można już pracować „na wolności" za normalne pieniądze – u pracodawcy w świecie realnym, a nie ośrodkowym.

W hostelu było dwóch chłopaków. Jednego, Tomasza, pseudonim Leoś, znałem z warszawskiej przeszłości. Drugi to Grześ z Wrocławia. Obaj mieszkali w ośrodku, ale pracowali w Warszawie. Uczestniczyli w społecznościach, kiedy chcieli, sprawdzano ich wyrywkowo raz na jakiś czas, bo byli już zaawansowani stażem – tacy już prawie wyleczeni. W okresie przedośrodkowym spotkałem kiedyś Leosia na bajzlu. Byłem na głodzie, myślałem, że on ma towar. Spojrzał na mnie wtedy z obrzydzeniem i powiedział, że jest tu w zupełnie innym celu, że nie ma ochoty ze mną gadać i mam spierdalać. Ależ to mną wstrząsnęło! Kompletnie nie wiedziałem, co się stało. Koleś, z którym byłem w układzie, z którym braliśmy pod nieobecność rodziców w moim mieszkaniu, koleś, który był mi bliski – odtrącił mnie! Dopiero później się dowiedziałem, że jest w jakimś ośrodku.

To po co przychodził na bajzel?

On po prostu tamtędy przechodził. Co oczywiście było niefrasobliwe z jego strony, bo takich miejsc powinno się unikać. Ale tego doświadczyłem później. Leoś zrobił wtedy jedną dobrą rzecz – pokazał mi, że jestem trędowaty, że noszę w sobie dżumę.

Wracam do mojej opowieści. Któregoś dnia Leoś z Grzesiem wyjechali do mnie z tekstem, czy nie chcę zapalić blunta. Spytałem: „Porąbało was?!", na co oni: „No, chyba należy ci się nagroda? Jesteśmy starszyzną, z heroiną nie mamy już nic wspólnego, ale bluncik

– dlaczego nie?”. No i załapałem się na tak zwaną akcję. Otóż oni, jeżdżąc po okolicy na rowerach, znaleźli posiadłość, na której rosły krzaki konopi, z której się robi marihuanę. Plan był taki, żeby w ramach przepustki (a mogłem już po akceptacji społeczności pojechać nawet na jeden dzień do Warszawy) włamać się na teren posesji, zakosić te krzaki, a potem ususzyć. Ciężko było je wyrwać, ponieważ były bardzo mocno ukorzenione, ale jakieś trzy się udało. Kumple schowali je tam, gdzie pracowali – w niewidocznym dla nikogo miejscu za regałami ze złomem, a że było tam ciepło, więc szybko wyschły. To była całkowicie bezproblemowa akcja, bo wtedy testów na marihuanę nie było. Potem odbył się seans palenia. Niestety wyszliśmy na durniów, bo okazało się, że to była tzw. samosiejka. Olejku tetrahydrokannabinolowego, czyli THC, nie było w niej w ogóle. Dym gryzł nas w gardło i w płuca, ale oprócz tych mało sympatycznych objawów nic się nie wydarzyło. Niemniej powtarzaliśmy te seanse, bo chociaż towar był kiepski, to kręcił nas fakt, że nielegalny. Wracaliśmy do ośrodka, w którym toczyło się normalne ośrodkowe życie, a my mieliśmy ewidentny układ – trzech świrów, którzy popalają jointy.

Raz na jakiś czas w ośrodku robi się kipisz. Włącza się procedurę sprawdzenia wszystkich pod kątem ukrywania narkotyków. Robi się rewizję (często w nocy), sprawdza ciśnienie, reakcję źrenic. Niestety sprawdzili również moją kurtkę i w kieszeni znaleźli nasionka marihuany. (Przy dobrej hodowli nie dopuszcza się do powstania nasion, ale nasza była z przydomowego ogródka i służyła do odstraszania mszyc).

Odbyła się społeczność. Nie wkopałem nikogo, nie ujawniłem, skąd je mam. Próbowałem jeszcze rżnąć głupa, mówiąc, że te nasionka są zapewne z Turcji, bo stamtąd przywiózł mi kurtkę kolega ojca, że po prostu były w kieszeni, ale nikt w te brednie nie uwierzył. I tak w dziewiątym miesiącu pobytu w ośrodku zostałem z niego karnie usunięty.

Ale zanim opowiem, co było później, króciutko o wydarzeniu, które miało miejsce w czasie przygotowań do wyjazdu żeglarskiego. Nie bez powodu leczenie w ośrodku trwało dwa lata. Bo mniej więcej tyle czasu potrzebuje mózg po heroinie, żeby móc z powrotem produkować endorfiny. A kiedy świeżo odstawisz heroinę i masz zablokowaną produkcję endorfin, bardzo mocno reagujesz na bodźce zewnętrzne, które nie zawsze są przyjemne. Ten okres jest strasznie uciążliwy (można go określić jako depresję) i dlatego szuka się różnych polepszaczy nastroju.

Z jednym z pensjonariuszy ośrodka, ksywa Rysiek, pojechaliśmy ładować butle przed wyjazdem na żagle. Było takie jedno miejsce w Warszawie, gdzieś na Woli. Ryś wpadł na genialny pomysł, że skoro jesteśmy na przepustce, to kupimy sobie wódę. Poszliśmy na metę, gdzie zaopatrywał się niejeden raz. Kupiliśmy flaszkę, załadowaliśmy te butle i poszliśmy chlać na cmentarz żydowski. Po tak długim okresie abstynencji byliśmy kompletnie nawaleni. A tu pora wracać do ośrodka! Więc trzeba było szybko wytrzeźwieć. Tylko jak? I wtedy dowiedziałem się od Rysia, że aby całkowicie pozbyć się działania alkoholu (łącznie z alkoholowym chuchem), należy wypić 200 miligramów octu, prawdziwego octu kupionego w sklepie. Nawet jak teraz o tym mówię, jest mi niedobrze! Ale wypiliśmy. On pół butelki, ja drugie pół. Daliśmy radę. I wiesz, że zadziałało? W ośrodku się nie poznali. Ale nigdy więcej tego nie powtórzyłem. To pokazuje totalny debilizm. Nic dziwnego, że narkomanów leczy się na oddziałach psychiatrycznych, bo przecież tego, co czasami przychodzi im do głowy, normalny człowiek nie wymyśli.

Wróćmy do momentu, kiedy wyrzucono mnie z ośrodka. Widziałem łzy w oczach personelu. Pamiętam rewelacyjną terapeutkę, wychowawczynię, która potrafiła nawiązać kontakt z narkomanami. Była moją wpadką powalona. Musiałem spakować swój plecaczek i pójść na pętlę autobusową drogą, którą odśnieżałem i czyściłem z liści. A kiedy nią szedłem, autentycznie kapały mi z oczu łzy. Czułem, że w bardzo trudnych, bolesnych, nieprzewidzianych okolicznościach kończy się coś niesamowicie ważnego w moim życiu. Z perspektywy czasu to wydarzenie okazało się zbawienne w skutkach – dobrze, że nie wrosłem w ośrodek mocniej, bo mogłem się w nim za bardzo wymościć. Prawdziwe leczenie odbywa się zawsze dopiero w szarej rzeczywistości, w miejscu, gdzie się żyje. Za krótki pobyt w ośrodku nie jest dobry, ale za długie siedzenie w nim też jest złe. Każdy ma swój czas. Mój wynosił dziewięć miesięcy. I mimo karnego wypisu tego czasu nie zmarnowałem.

Wsiadłem do podmiejskiego autobusu, który miał mnie dowieźć do Warszawy. Jechałem chyba ze 40 minut. Przed oczami pojawiały się obrazy: narty, pływanie na żaglówce, ogniska, Boże Narodzenie w ośrodku i naprawdę płakałem. Płakałem, bo poczułem się, jakby ktoś mnie wyrzucił z domu. I z każdym kilometrem, który zbliżał mnie do Warszawy, zacząłem się coraz bardziej bać. Zaczynałem się bać tego, za czym tęskniłem, gdy przekroczyłem bramę ośrodka. Dojechałem na rondo Wiatraczna, tam przesiadłem się w autobus, który miał mnie zawieźć do placu Na Rozdrożu, gdzie miałem się przesiąść w autobus jadący w dół Sobieskiego – do domu. Wysiadłem na Rozdrożu, poszedłem schodami na górę, do Alej Ujazdowskich, i stanąłem przed dylematem: iść na przystanek w lewo czy na przystanek w prawo? A różnica była zasadnicza: w lewo był powrót do domu, a w prawo – na bajzel (do którego miałem tylko trzy przystanki). Zgadnij, jak długo stałem (nomen omen) na Rozdrożu, nie mogąc podjąć decyzji. Strzelaj.

Trzy godziny.

Dokładnie 2 godziny 45 minut! Ta scena w filmie wyglądałaby tak: słońce przesuwa się po niebie i wreszcie znika za dachami domów, a ja stoję jak wryty. Spocony, przerażony i trzęsący się. Uratowała mnie wtedy jedna rzecz. Bo to wcale nie było tak, że podjąłem jedyną słuszną decyzję, że wybieram wolność i podążam w jej kierunku. Sorry, nie będziemy okłamywać ludzi. Nie jest tak, jak mówią w filmach: „Wybieram dobro, a zło niech spierdala!". Podjąłem decyzję, że nie pojadę na bajzel z prostego powodu – bo na bajzlu był kiepski towar! A ja przecież należałem do elity, która byle czego nie bierze! Więc postanowiłem skontaktować się z Maćkiem, który załatwi mi dostęp do dobrego towaru.

Wsiadłem do autobusu jadącego w stronę domu i usilnie próbowałem przypomnieć sobie numer telefonu do Maćka, który od lat miałem wbity do głowy. A tu czarna dziura! Zadziałała podświadomość i zaowocował dziewięciomiesięczny pobyt w ośrodku. Po prostu nie chciałem sobie przypomnieć tego numeru, bo nie chciałem już ćpać.

Przyglądając się światu za oknami autobusu, spostrzegłem plakaty z informacją o festiwalu „Rób Reggae"; główne gwiazdy: kapela Izrael i Brygada Kryzys. Wpadłem do domu, powiedziałem matce, że jadę na koncert reggae. Zamarła, przerażona, ale uspokoiłem ją, że minęło już tyle miesięcy, że na pewno nie przyćpam. Pojechałem. Odnowiłem kontakty z ludźmi, których nie widziałem po kilka lat, bo oni spotykali się w klubach, chodzili na koncerty, a ja w tym czasie ćpałem heroinę. Byli świrami, palili marihuanę, brali kokainę, ale nie byli heroinistami. Nigdy im się nie przyznałem, że biorę heroinę, bo w tym środowisku było to obciachem.

A skąd miałeś pewność, że nie weźmiesz?

Ponieważ byłem święcie przekonany, że tylko heroina jest moim wrogiem, że tylko heroina jest zła, więc nie wolno mi jej tykać. Ludzie biorący inne narkotyki nie byli w moim ówczesnym przeświadczeniu zagrożeniem.

Coś wydarzyło się na tym koncercie?

Nic. Kompletnie nic! Ty wiesz, co to znaczy?! Było miło. Było miło bez palenia, bez ćpania, wciągania, bez alkoholu! Ależ byłem z siebie dumny! Wtedy naprawdę poczułem się panem swojego losu. Jesienią, w 1986 roku.

A co w domu?

Kiedy byłem w ośrodku, ojciec wraz z koleżanką, której syn zmarł po przedawkowaniu heroiny, założyli jedno z pierwszych w Polsce stowarzyszeń, organizacji pozarządowych – Towarzystwo Rodzin i Przyjaciół Dzieci Uzależnionych „Powrót z U". Otrzymywali dotacje z budżetu miasta Warszawa i zaczęli pomagać rodzicom dzieciaków, które wchodziły w to piekło. Wróciłem więc do zupełnie innego domu – w którym udzielający się społecznie ojciec mieszkał z powrotem razem z matką. Wróciłem do innego świata. Doświadczyłem czegoś, czego nie jest dane doświadczyć całej masie ludzi opuszczających ośrodki. W psychologii funkcjonuje pojęcie pułapki drzwi obrotowych: leczysz się i wracasz dokładnie w ten sam kontekst. Zdrowe dziecko wraca do rodziców, którzy są pochrzanieni, tak jak byli; tak samo w wypadku kolegów i sąsiadów. Tymczasem, jeśli naprawia się krzywy garnek, trzeba również naprawić krzywą pokrywkę. Bo jeżeli wyklepiesz tylko garnek, to pokrywka nie będzie pasować. I tak jest z kontaktami społecznymi. Ja wróciłem w inny kontekst. Wylądowałem miękko w rzeczywistości przyjaznej osobie w fazie rekonwalescencji. Załapałem się na obóz bojerowy na Mazurach. Dla takich ludzi jak ja. To była faza readaptacji, czyli powrotu do rzeczywistości. Lecz ważniejsze było to, że chociaż wywalono mnie z ośrodka, mój ojciec zapraszał mnie (zapraszał, a nie kierował!) do udziału w cyklu wykładów profesora Chruściela lub profesora Cekiery (którego wtedy już bardzo dobrze znałem). Obaj prowadzili wykłady, a ja – jako doświadczony praktyk – mogłem trochę podbudować część teoretyczną. To mi się zaczęło podobać; to było bardzo nobilitujące. No i trochę pojeździłem, poznałem ludzi z całkowicie innego, nienarkotykowego świata; zacząłem coraz bardziej doświadczać nowych, nieznanych mi dotąd przyjemności. Ale najważniejszą rzeczą był dla mnie kontakt z ojcem.

Poczułeś jego opiekę?

Pierwszy raz zacząłem dostrzegać, że jestem dla niego ważny. Nie umiał tego werbalizować, ubierać w słowa, gesty, ale wszystko, co robił w Stowarzyszeniu, robił przeze mnie i dla mnie. Nadal był despotyczny i narzucał swoją wolę, ale było to jakieś bardziej przyjazne. Oczywiście, włączał się ojcu czasami tryb organizatora mojego życia, który mówił: „Załatwiłem ci pracę tu, załatwiłem tam, mam kontakt do... Już mam wszystko ustawione", ale ja chciałem załatwić sobie pracę sam. A wiesz dlaczego? Bo wielu mnie wtedy skreśliło. Byli przekonani, że wrócę do ćpania. Rodzice przyglądali mi się uważnie, trochę przestraszeni, ale dali mi przestrzeń, której bardzo potrzebowałem. Uruchomiło się wtedy we mnie sportowe wkurwienie: „Pokażę wam, że będzie inaczej! Nie będziecie na moim pogrzebie!". Byłem po szkole technicznej i miałem na to papier, co zwiększało moje szanse na rynku pracy. Co prawda za bardzo nie przepadałem za techniką, ale wymyśliłem, żeby połączyć umiejętności techniczne z moimi zainteresowaniami humanistycznymi. Postanowiłem pracować w teatrze przy obsłudze sceny.

Pojechałem do teatru Ateneum przy ulicy Jaracza; poprosiłem, żeby przyjęto mnie do pracy. Niestety nie było etatu. Wracałem smutny autobusem i nagle na Chełmskiej zobaczyłem napis: „Wytwórnia Filmów Dokumentalnych". Wyskoczyłem z autobusu i pobiegłem do działu kadr. Pokazałem swój dyplom. Okazało się, że jedynym miejscem, gdzie mogę pracować, jest dział transportowy. Zatrudniłem się jako elektryk.

# 9 Nauka chodzenia

Powiedziałeś: „Wylądowałem miękko w rzeczywistości przyjaznej osobie w fazie rekonwalescencji". Pomówmy więc teraz o powrocie do życia.

Niesamowicie ważnym elementem w powrocie do rzeczywistości jest rozpoznanie swoich wyzwalaczy zewnętrznych i wewnętrznych, czyli nakręcaczy, które powodują, że nagle chce się ćpać, wciągać, pić, grać, kopulować – robić to wszystko, co jest naszą obsesją. Nie ma zachowania, które od razu miałoby znamiona destrukcji. Musi zajść pewien proces.

Teraz króciutki wykład. Jeżeli osiągniemy stan zaspokojenia jakiejś naszej potrzeby, powstaje nawyk, przyzwyczajenie. To się nazywa ryciem rowka. Metaforyczne rycie rowka to utrwalanie w naszych zwojach mózgowych pewnych nawyków, które zapadają nam w pamięci na poziomie neurologicznym. Przykład: wracamy z pracy umęczeni po rozmowie z szefem. Nie było miło. Chcemy zapomnieć, odpocząć. I teraz mamy wybór: możemy zagrać w tenisa, pójść na basen, na koncert, pobiegać, pojeździć na rowerze. Jest mnóstwo czynności, które mogą spowodować, że się zrelaksujemy. A po drugiej stronie jest ...

Kanapa.

Tak. Ale oprócz niej mamy browar, marihuanę, koksik, a po drodze seks w agencji towarzyskiej. I teraz: jeśli zrobimy tak raz, nie ma problemu. Jeżeli zrobimy drugi raz, również nic złego się nie stanie. Ale jeżeli robimy to pół roku – wtedy ryje się rowek. Rowek ryje się zarówno w wypadku zachowań konstruktywnych, jak i destrukcyjnych. A kto wie, czy to jest konstrukcja czy destrukcja? Na pewno nie centrum zarządzania zwane mózgiem. Mózg zapisuje wszystkie czynności, których się uczymy. Żeby weszły nam w nawyk, w pewien schematyzm działania (po kilku latach nie zapominasz, jak jeździ się na rowerze czy prowadzi samochód). Mózg posługuje się skryptami celowo. Nie robi nam tego na złość. To jest pewna właściwość związana z siłą przetrwania.

Powiedziałabym, że idzie nam na rękę.

Ja bym powiedział, że idzie nam na głowę, ponieważ im bardziej mózg posługuje się skryptami, tym mniej rozdymają się zwoje mózgowe. Posługiwanie się skryptami nie wymaga myślenia. Mózg, który wykonuje pracę intelektualną, który ciągle musi pokonywać pewne trudności, staje się dla nas zagrożeniem. Z prostego powodu – zaczyna się rozrastać, zaczyna pęcznieć głowa. W dosłownym tego słowa znaczeniu. Rozrasta się czaszka (oczywiście mówimy o długim procesie ewolucji). Kiedy rodzi się dziecko, który etap porodu jest dla niego najniebezpieczniejszy?

Kiedy wychodzi głowa.

Im większa głowa, tym większe ryzyko niepowodzenia. Więc żeby gatunek ludzki przetrwał, bezpieczniej będzie, gdy nasza głowa będzie mniejsza. To jest spisek, w którym mózg bierze udział. Jednak co robimy z tymi skryptami, to już jest nasza sprawa. Mózg nie ma moralności, nie decyduje o tym, co jest dla nas dobre, a co złe. To, czy dane zachowanie, dana czynność jest dla nas dobra czy zła, wynika z naszej świadomości. Niezależnie, czy sięgamy po substancję chemiczną, która jest *de facto* skrótem, czy po zachowanie, które jest dla nas bezpieczne – obie te rzeczy zapamiętujemy. Większość ludzi ma komputery. Świadomi użytkownicy komputerów z dużą rozwagą instalują różnego rodzaju programy sugerowane w internecie, dlatego że nawet po ich późniejszym wykasowaniu zostają pewne pliki, co powoduje, że zmniejsza się pamięć podręczna RAM. Informatycy zalecają raz na jakiś czas zresetować cały system, żeby pozbyć się śmieci. Niestety, swojej pamięci zresetować nie możemy. Skrypty pozostają. A uruchomić mogą je właśnie wyzwalacze zewnętrzne i wewnętrzne. Nałogowiec powtarza pewne czynności regularnie, w określonym kontekście, np. alkoholik otrzymuje wypłatę pierwszego dnia każdego miesiąca i w drodze powrotnej do domu wstępuje do sklepu po browar. Dzwoni do Andrzeja, Jasia i Małgosi, spotykają się w parku i piją kilkanaście piw. Wraca do domu nawalony. W pewnym momencie nasz bohater stwierdził, że nie chce już pić. I nie pije. Kiedy będzie odczuwał wzmożoną chęć na piwko?

Kiedy dostanie wypłatę, kiedy spotka Jasia, kiedy spotka Małgosię, kiedy wejdzie do sklepu...

Tak. To są wyzwalacze zewnętrzne, czyli wszystkie miejsca, sytuacje, okoliczności, rzeczy, które mogą mi się skojarzyć z tym, co robiłem, gdy byłem uzależniony. I dlatego są niebezpieczne. Więc kiedy wyszedłem z ośrodka, każde miejsce, które wiązało się z ćpaniem (a było ich kilka w Warszawie), omijałem szerokim łukiem, bo nie wiedziałem, jak mógłby zadziałać mój mózg, gdybym się tam znalazł.

Moja matka z ojcem zrobili genialną rzecz: gdy wróciłem z ośrodka, wszedłem do innego pokoju. Mój pokój był całkowicie przemeblowany. Matka zerwała wszystkie plakaty, zniknęły pozornie niewinne przedmioty – samochodziki Matchboxa, kartki pocztowe od znajomych ćpunów, T-shirty z dziwnymi nadrukami – ponieważ mogły być zakodowane jako towarzyszące mi w czasie ćpania, mogły więc stanowić zagrożenie dla mojej kruchutkiej trzeźwości. Wielu narkomanów, moich obecnych pacjentów, po pobycie w ośrodku, po poświęceniu kawałka swojego życia na pracę nad sobą rozsypuje się w ciągu pierwszych dwóch, trzech miesięcy właśnie dlatego, że została całkowicie zaniedbana sfera readaptacyjna. Wszystko, co osiągnęliśmy, można zmarnować przez nieodpowiednie zachowanie zarówno bliskich, jak i nas samych. Ja, mając pewną wiedzę na ten temat, jeździłem na kurs prawa jazdy okrężną drogą, przez całą Warszawę, co zabierało mi zamiast 45 minut aż dwie i pół godziny. Omijałem znajome miejsca, bo się ich po prostu bałem.

To jest powrót do świata.

To jest uczenie się świata na nowo. Powrót do niego wymaga pewnej procedury. Być w ośrodku przez dwa lata i nie brać nie jest sztuką. Sztuką jest nie brać na wolności. Ja po dziewięciu miesiącach leczenia miałem poczucie, że nie zakończyłem tego procesu, ale z drugiej strony ta próba, jakiej mnie poddało życie, była chyba najważniejszym wydarzeniem w tamtym czasie, ponieważ nie pękłem. Nie sięgnąłem po heroinę, chociaż miałem wielką pokusę. Tego potwora w sobie powstrzymałem. Dla narkomana, który był w szponach heroiny, to rzecz niewyobrażalna.

Wyszedłem, a właściwie zostałem wyrzucony z ośrodka z piętnem niedoleczonego. I tutaj dygresja. Jeszcze przed pobytem w ośrodku miałem dziewczynę Dankę. Poznałem ją podczas jednego z wypadów do Jarocina. Cudowna dziewczyna, bardzo we mnie zakochana. Zresztą z wzajemnością. Znała mój problem z narkotykami i bardzo o mnie walczyła. Kiedy przyjeżdżała do Warszawy, starałem się wykorzystywać jej pobyt, żeby się odwirować, żeby chociaż przez trzy dni nie brać. Niestety, kiedy odprowadzałem ją na Dworzec Centralny, już nie dawałem rady. Gdy odjeżdżał jej pociąg, natychmiast szedłem po towar. A czasami, gdy już nie mogłem wytrzymać, kłamałem, że nie znoszę naszych pożegnań, więc zostawiałem ją na peronie i wbiegałem po ruchomych schodach, aby jak najszybciej znaleźć dilera z heroiną.

Czyli nieprawdą jest, że „moja miłość cię uzdrowi"?

To jest dobry moment, żeby powiedzieć, jak dużym błędem w postępowaniu z narkomanem bywa eksponowanie złych rzeczy, które on robi. Mamy taką automatyczną chęć, żeby narkomanowi czy alkoholikowi dokopać, żeby mu powiedzieć, jak krzywdzi swoje dzieci, swoją kobietę, ojca, matkę. Niestety, nasz mózg działa w taki sposób, że jeżeli mamy poczucie, iż bliską nam osobę krzywdzimy, to w obszarze nieświadomości zaczynamy czuć do niej niechęć, a czasami nawet nienawiść. Mózg woli obciążyć winą kogoś z zewnątrz niż samego siebie. Kochaliśmy, a teraz nienawidzimy. To często spotykane zjawisko. I takie osoby usuwamy ze swojego życia. Całkowicie podświadomie, ponieważ człowiek nie lubi wyrzutów sumienia. My wyrzuty sumienia „mordujemy" razem z ich obiektami.

Danka chciała mi towarzyszyć. Ale ja już nie byłem nią zainteresowany, bo kojarzyła mi się z przeszłością, o której chciałem zapomnieć. To problem wielu par.

Kobieta walczy o męża, partnera przez całe lata, ale nałóg jest silniejszy. On pije, ćpa, a ona chodzi na terapię, mitingi dla rodzin uzależnionych, uczy się samej siebie w kryzysie. Aż pewnego dnia staje się cud – on się zmienia i przestaje pić, ćpać, zdradzać. Wydawać by się mogło, że marzenia się spełniają. Jednak czasami się okazuje, że ten cud staje się początkiem końca ich związku.

Paradoksalnie życie takiej kobiety przestało mieć sens, bo dotąd dawał mu napęd kryzys, bo do teraz całą swoją energię wykorzystywała, żeby ratować męża. A jak teraz ratować uratowanego? Co zrobić ze swoim życiem? Tyle lat zmarnowanych, tyle cierpienia, a teraz wybaczyć? Wymazać ten czas? To trudne dla tego, kto wybacza, ale też niełatwe dla tego, któremu wybaczają, bo dociera do niego, ile krzywdy wyrządził bliskiej osobie. Dlatego jako terapeuta bardzo mocno współpracuję z kobietami i mężczyznami, którzy mają uzależnionych partnerów, ucząc ich, żeby w trakcie trwania batalii o los ukochanej czy ukochanego nie zaniedbywali siebie. W swoim gabinecie polecam rodzicom, żonom, mężom, żeby choćby serce krwawiło, ostentacyjnie pokazywać narkomanowi, że nie jest pępkiem świata, że potrafimy się uśmiechać, cieszyć, chodzić do kina, spotykać ze znajomymi. Trzeba mieć własne życie. Niestety dosyć często rodzice mają chęć odrobienia zaległości. Dokopywali swojemu dzieciakowi przez większą część jego życia, nie przytulali go, nie akceptowali, więc gdy nagle przychodzi katastrofa, pojawia się poczucie winy i zaczyna się nieodpowiedzialne dawanie wszystkiego. Zazwyczaj histerycznie nadmiarowo. Miłość trzeba ofiarowywać w odpowiednim kontekście, w odpowiednim czasie, a nie na zasadzie kompensacji pewnych deficytów, które miały miejsce pięć, dziesięć czy więcej lat temu.

Ale gdybym była uzależniona i chciała z nałogiem walczyć, a moi rodzice nadal wykazywaliby w stosunku do mnie obojętność, to powiedziałabym: „Nigdy mnie nie kochaliście! Byliście i jesteście obojętni!".

Mówiąc o motywowaniu do podjęcia leczenia, mam na myśli pewne etapy. Zawsze pierwszym etapem jest proszenie, argumentowanie, rozmowa. „Kochamy ciebie, ale nie akceptujemy tego, co robisz". Bardzo ważny jest podział tego komunikatu na dwie części: „kochamy", ale „nie akceptujemy tego, co robisz". (Odwoływanie się do tego, jaką krzywdę mi robisz, w dziewięćdziesięciu dziewięciu procentach naprawdę nie skutkuje, a wręcz utrwala chęć odurzenia się czymkolwiek, żeby zagłuszyć poczucie winy). Jeśli argumenty i rozmowa nie dają efektów, przechodzimy do etapu okazywania, że nie jesteś najważniejszy. „Skoro taką drogę wybrałeś, mój najdroższy, kochany, jedyny ćpunie, to teraz żyj sobie po swojemu!". Przede wszystkim odcinamy finansowanie. I chociaż serce będzie nam krwawić, to dla dobra sprawy należy ostentacyjnie pokazywać, że mamy swoje życie, swoje radości i ważniejsze cele niż utrzymywanie ćpuna. Dla uspokojenia swojego sumienia i dla uaktywnienia percepcji u naszego chorego ukochanego męża, syna czy córki można raz na jakiś czas na chwilę powrócić do fazy wstępnej. Brak efektu? Znów sięgamy po kij w postaci chłodu i dystansu. I tak na przemian, aż delikwent ocknie się z letargu. Ocknie się albo nie. Bo to zawsze jest wielka niewiadoma.

W moim przypadku rodzice nie weszli w etap dokopywania, wyrzucenia z domu i pokazania mi, że jestem nieważny. Wystarczyła faza motywowania do leczenia bodźcami pozytywnymi. Ale ja miałem pewien kręgosłup, pewien fundament, miałem w sobie tęsknotę za normalnym życiem, które pamiętałem. Wielu narkomanów w ogóle nie wie, czym jest normalne życie, ponieważ zawsze było ono katastrofą. Więc za czym mają tęsknić, skoro nigdy nie doświadczyli w swoim domu miłości, zainteresowania? To rodzi defekty, więc narkoman narkomanowi nierówny. Zasoby przy wychodzeniu z tego piekła są różne.

Trzeba zapamiętać jedną rzecz – to nie rodzice czy partnerzy mają się interesować życiem narkomana, tylko on sam. Kiedy dzwoni do mnie rodzic, żeby zapisać swojego dorosłego syna na terapię, mówię: „Proszę podać synowi mój numer telefonu. Niech zadzwoni". Chodzi mi o próbę uruchomienia poczucia odpowiedzialności za swoje wybory. Fakt, że jestem nałogowcem, nie zwalnia mnie z odpowiedzialności za moje czyny. Wielu narkomanów mówi: „Tatuś mnie nie kochał, mamusia mnie nie kochała, więc mam prawo być narkomanem!". Jeśli masz taką ochotę, to sobie bądź! Masz prawo wyboru. Należy pamiętać, że człowiek, za którego przez całe życie decyzje podejmują rodzice – załatwiają mu korepetycje, wybierają szkołę, często sami wybierają mu partnerów – kiedy się rozsypuje i wpada w uzależnienie, chociaż w tym momencie powinien mieć możliwość podjęcia samodzielnie decyzji, czy chce się leczyć czy nie. A jeżeli chce, to pomagamy mu nie tym, że dalej będziemy się nim nadopiekuńczo zajmować, tylko pozwalając mu przejąć odpowiedzialność za swoje życie.

Myślę, że gdyby mój syn wrócił z odwyku, nie umiałabym się powstrzymać przed kontrolowaniem.

I słusznie. Sam tego doświadczyłem. Zaufanie zostaje zamknięte w sejfie na wiele lat. Na zaufanie trzeba solidnie zapracować. Pamiętam, jak wróciłem z ośrodka, siedziałem sobie w restauracji ze znajomymi, z którymi nie spotykałem się od wieków, i nagle zobaczyłem mojego ojca wychylającego się zza ściany. Myślałem, że mnie szlag trafi. Teraz to rozumiem. To był strasznie trudny czas. Dla mnie, dla ojca, dla matki.

W procesie wychodzenia z nałogu niesamowicie ważne jest, aby to delikwent ponosił odpowiedzialność za swoje wybory, bo jeżeli rodzice będą podejmować decyzje za niego, to samodzielność, doświadczanie życia, uczenie się siebie na nowo – niezbędne do wychodzenia z nałogu – zostaną wykastrowane. No i niezwykle ważny jest ten słynny złoty środek. Bo niekiedy pojawia się wisząca nad głową jak miecz, często nadużywana przez wielu terapeutów, groźba w postaci wyrzucenia z domu; przez niektórych uznawana za jedyną słuszną koncepcję na traktowanie narkomana. A to wcale nie musi być skuteczne. To zależy od okoliczności. Gdyby mnie rodzice wyrzucili z domu przed leczeniem, to prawdopodobnie bym już nie żył. Grozisz wywaleniem z domu? Musisz założyć, że będziesz musiała to zrobić. Bez jakichkolwiek gwarancji, że osiągniesz pożądany efekt. Jeśli nie zrealizujesz gróźb, to stajesz się niekonsekwentna i utrwalasz istniejący stan degrengolady.

Powiedziałeś o wyzwalaczach zewnętrznych, a co z wewnętrznymi?

Wyzwalacze wewnętrzne to nasza pamięć, nasz twardy dysk w głowie, ze wszystkimi ćpuńskimi skryptami, czyli to, co nam się może skojarzyć z upojną przeszłością narkomana. Wyzwalaczem wewnętrznym mogą być też stany emocjonalne. Cztery z nich, kluczowe, których powinien unikać alkoholik czy narkoman, zawarte są w niemieckim słowie *HALT* (czyli stop). Składa się ono z czterech słów angielskich: *hungry* – głodny, *angry* – zły, *lonely* – samotny, *tired* – zmęczony. Każdy z tych stanów emocjonalnych jest absolutnym wyzwalaczem. Każdy z nich może uruchomić pragnienie sięgnięcia po narkotyk. A najgorzej, gdy pojawiają się razem. Trzeba cały czas się pilnować – przez okres kilku, a niektórzy nawet kilkunastu lat – żeby unikać ich skumulowania.

Ale wyzwalaczem wewnętrznym może być też euforia, radość – stany emocjonalne, których pragniemy, które kojarzymy tylko i wyłącznie z byciem szczęśliwymi. Tymczasem dla osoby uzależnionej są one zagrożeniem. Dlatego że narkoman czy alkoholik żyje w bąblu percepcyjnym. To taka metaforyczna kapsuła, do której człowiek wchodzi po pierwszej inicjacji narkotykowej i widzi świat na niby – filtrując obrazy, doznania, emocje przez filtr narkotykowy, gruby jak betonowy mur. W tym bąblu człowiek jest na haju i obserwuje rybki, które wokoło pływają, nie czując rzeczywistości takiej, jaka jest naprawdę. Jest niczym operator batyskafu czy nurek w grubym skafandrze. Jego organizm przyzwyczaił się do funkcjonowania na jednolitym, wyciszonym poziomie. Bo narkotyki są zbroją, która nas chroni przed czynnikami zewnętrznymi.

Wyzwalaczem wewnętrznym może być sukces, np. nagle dostajemy spadek albo wygrywamy parę milionów w totka. To są sytuacje kryzysowe, bardzo trudne dla ludzi nieuzależnionych, a dramatycznie niebezpieczne dla tych, którzy próbują wyjść z uzależnienia. Bo oni nie radzą sobie z tak silnymi bodźcami.

Myślę, że niebezpieczna jest też muzyka, która chyba jest zarówno wyzwalaczem wewnętrznym, jak i zewnętrznym.

Zgadza się. Dlatego, o czym wspominałem, w ośrodku jest zakaz słuchania muzyki. Rysiek Riedel nie był w stanie skończyć z narkotykami, nie zrywając z muzyką. Bo muzyka kojarzyła mu się tylko i wyłącznie z ćpaniem. Każdemu koncertowi towarzyszyły narkotyki. Nie było narkotyków bez muzyki i muzyki bez narkotyków.

Pierwszą rzeczą, której doświadczamy, wchodząc w świat narkotyków (co mnie też spotkało), to zupełnie inna percepcja bodźców zewnętrznych, czyli zupełnie inne odbieranie muzyki, obrazów. Byłem wręcz oszołomiony tą intensywnością. Jeśli brałem narkotyki przy jakimś ulubionym utworze muzycznym, po ich odstawieniu odstawiłem też muzykę, która mi wtedy towarzyszyła. Bo przywoływała wspomnienia. Podobnie jak kawałek muzyczny, który towarzyszył nam podczas pierwszego seksu czy pierwszej randki.

Wystarczy, że usłyszymy Led Zeppelin, i od razu kręci się łezka. Bo to nasza młodość.

No i teraz wyobraź sobie, że musisz o tej muzyce zapomnieć!

Nawyki wyryte w mózgu narkomana są tak silne, na tak głębokim poziomie, że aby zwykły śmiertelnik zrozumiał chociażby powierzchownie, co czuje narkoman, który na nowo uczy się żyć, niech spróbuje zatrzymać swoją fizjologię. Niech spróbuje przestać sikać. Jak? Nie wiem. Może mu się uda.

Ja potrzebowałem około dziesięciu lat pracy nad sobą, żeby Święta Bożego Narodzenia przestały mi się kojarzyć z głodem narkotykowym. Bo mój mózg zapamiętał, że zawsze gdy przychodził grudzień, Wigilia, pierwszy śnieg, to nigdy nie było towaru. Podobnie w Wielkanoc.

W okresie readaptacyjnym niezwykle ważne jest, żeby nauczyć się zarządzać swoimi myślami. W filmie *Żelazna dama* Meryl Streep grająca Margaret Thatcher mówi: „Uważaj na myśli, bo przemienią się w słowa, miej baczenie na słowa, bo zmienią się w czyny. Dbaj o swoje czyny, bo staną się nawykami. Uważaj na nawyki, bo staną się twoim charakterem, a charakter będzie twoim przeznaczeniem. Stajemy się tym, co myślimy. A ja myślę, że czuję się dobrze!". To niesamowicie ważne w kontekście brania odpowiedzialności za swoje życie. Nowe życie. Myśl jest początkiem wszystkiego. Nigdy nie należy swoich myśli bagatelizować.

Można wyciągnąć wniosek, że tylko inteligentny człowiek wyjdzie z narkomanii.

Więc powiem ci, że inteligentnym jest dużo trudniej. Zasady wychodzenia z narkomanii są proste jak budowa cepa. To jest konkret. Natomiast ludzie inteligentni mają tendencję do przekombinowania. „Co z tego, że wszyscy się uzależniają; ja jestem na to za inteligentny. Nie widzę problemu, że spotkam się z moim kolegą Michałem, z którym ćpałem przez kilka lat".

Mnie było dużo trudniej, dlatego że w trakcie prób leczenia miałem wykonywane testy na inteligencję standardową (IQ), które wychodziły doskonale, więc tylko wzmacniałem w sobie poczucie, że narkotyki mi nie szkodzą – co było oczywiście bzdurą, nota bene inteligentnie przeze mnie pielęgnowaną. Perfekcyjnie posługiwałem się mechanizmem znanym każdemu uzależnionemu, czyli iluzją, zaprzeczeniem i wyparciem. W nałogu tracimy wszystko: pracę, rodzinę, przyjaciół, pieniądze, poczucie wartości, ale jest coś, co systematycznie w sobie rozwijamy – to inteligencja emocjonalna (EQ), która niesamowicie wzrasta. Dlaczego? Inteligencję emocjonalną wypracowujemy pod wpływem bodźców zewnętrznych. To umiejętność radzenia sobie w dżungli. A trudno o bardziej kształtującą człowieka dżunglę niż uliczny ćpuński półświatek. Tę inteligencję jako jeden z pierwszych opisał Daniel Goleman w książce *Inteligencja emocjonalna*. Wyjaśnia on, dlaczego ludzie bez wykształcenia, niebędący erudytami osiągają czasami wielkie sukcesy. Dlaczego dawni piątkowi uczniowie, gdy dorosną, pracują dla uczniów trójkowych. Że ludzie posiadający wysokie IQ, niezwykle inteligentni, z dyplomami renomowanych uczelni, niekoniecznie radzą sobie z przeciwnościami, niekoniecznie są szczęśliwi w życiu. Inteligencja IQ nie daje gwarancji na szczęście. Natomiast im wyższy współczynnik inteligencji emocjonalnej, tym większe prawdopodobieństwo, że chociaż się o nie otrzemy.

Wspólnym mianownikiem osób, które trafiały w świat narkotykowy, był niski współczynnik inteligencji emocjonalnej. Ci ludzie nie radzili sobie w życiu i dlatego szukali akceptacji grupy, tudzież wspólnotowości pewnych przeżyć, chociaż były one brudne i nieakceptowalne przez ogół. Tak rodzi się subkultura. Tacy ludzie bardziej rozumieją ból egzystencjalny, swoje cierpienie. Narkomani rozpoznają siebie intuicyjnie, reagują na siebie podprogowo, porozumiewając się różnymi kodami. Poznając tych ludzi, ich zepsucie, degenerację, wynaturzenia, chcąc przetrwać w tym na początku cudownym, a później koszmarnym narkomańskim świecie, zwiększaliśmy poziom inteligencji emocjonalnej. Bo inteligencja emocjonalna wzrasta wtedy, kiedy narkoman napotyka trudności. Tyle tylko, że cały jej rosnący potencjał wykorzystuje na kombinowanie, oszukiwanie siebie i swoich bliskich, na załatwianie towaru i pieniędzy na niego, niekoniecznie uczciwą drogą.

Myślę, że tego, czego nauczyłem się podczas swojego upadku, nie dała mi żadna szkoła. Żadne późniejsze szkolenia nie dały mi tego, co – powiem brutalnie – dał mi bajzel. Tam naprawdę trzeba było się mocno wykazać, żeby przetrwać – nie dać się zamordować fizycznie, ale też mentalnie, moralnie, egzystencjalnie. Bardzo łatwo można było zostać zredukowanym. Bycie w tym piekiełku naprawdę kształtowało osobowość. Degenerowało, ale też uczyło. Kilku moich kolegów z bajzla wykorzystało zdobyte tam umiejętności i gdy skończyło karierę narkotykową, zostało biznesmenami.

Niestety polska szkoła nie pomaga w kształtowaniu inteligencji emocjonalnej. Gdzie te dzieciaki mają ją zdobyć? Na lekcjach? Na wykładach, na których mądry gada, a głupi, z założenia, ma słuchać? Żadnych wątpliwości co do tezy postawionej przez nauczyciela. Zero pytań. To dramat polskiej szkoły. Inteligencji emocjonalnej dzieciaki uczą się w szkole na przerwach, na boiskach, w toaletach na papierosku, na imprezach. Odnośnie do tych ostatnich - rodzic, który odcina dziecku możliwość uczestnictwa w nich, bo nie daj Boże, pozna kogoś złego czy zdarzy się coś niedobrego, tak naprawdę skazuje dziecko na brak możliwości kształtowania odpowiedniego poziomu inteligencji emocjonalnej. Żyć to doświadczać. Również tego, co negatywne. A w myśl teorii Erika Eriksona to właśnie bodźce negatywne są głównym czynnikiem kształtującym osobowość człowieka. Oczywiście do pewnego poziomu.

Rozgadałem się, już kończę. Takim miejscem, które uczy przekształcać zło w dobro, czyli uczy wykorzystywać umiejętności psychospołeczne w dobrych celach, jest ośrodek. W ośrodku dostałem pakiet startowy na życie. I gdybym po wyjściu z niego znowu wskoczył w tygielek kontaktów mojego tatusia, nadopiekuńczości mamy, wrócił do tego samego pokoiku – po prostu spieprzyłbym wszystko, co udało mi się osiągnąć. A ja doładowałem ten pakiet startowy tym, że sam znalazłem pracę, sam podjąłem decyzję, z kim chcę się spotykać, sam podjąłem decyzję, gdzie chcę studiować. Nagle odzyskałem wolność, a właściwie zobaczyłem, co to jest prawdziwa wolność. Bo wolność to możliwość wyboru. Narkomani nie są wolnymi ludźmi. Są ludźmi uzależnionymi od towaru. Czyli od kogo? Od dilera. To paranoja, że człowiek ucieka od świata, który go mierzi, wkurza. Od obłudy, konformizmu, na które młodzi ludzie tak gwałtownie reagują: „Odpierdolcie się ode mnie! Wy macie swoją wódę, a ja chcę mieć swój świat i będę jarać, wciągać!". Tylko buntując się przeciwko światu dorosłych, tak naprawdę serwują sobie coś o wiele gorszego – bo w świecie, gdzie są dilerzy, gdzie jest handel narkotykami, gdzie jest podbieranie towaru, nie ma miejsca na przyjaźń. Są tylko układy.

I nagle po wyjściu z tego narkomańskiego piekła zobaczyłem świat takim, jakim on może być. No bo przecież nie ma różnych światów, nie żyjemy w rzeczywistościach równoległych, tylko patrzymy przez inne filtry percepcyjne. Świat widzimy takim, jakim chcemy, a raczej możemy go zobaczyć przez pryzmat doświadczeń – swoich oraz naszych przodków.

A ty jaki świat zobaczyłeś po wyjściu z ośrodka?

Radosny, szczęśliwy. Ale tylko dlatego, że zmieniłem okulary. Nagle świat stał się dla mnie taki czysty! Nagle nie musiałem kołować pieniędzy, nie musiałem kłamać, nie musiałem okradać, robić obrzydliwych rzeczy. Powiem w ten sposób: mnie było łatwiej, bo miałem mądrych rodziców, którzy chociaż kiedyś narobili błędów, to umieli z nich wyciągnąć wnioski, a przede wszystkim – chcieli skorzystać z mądrości i doświadczenia innych ludzi (a to wielka sztuka potrafić poprosić o pomoc). Poza tym miałem sukcesy w sporcie, jakieś fajne doświadczenia z wczesnej młodości. Dzięki temu wszystkiemu miałem do czego wrócić. Naprawdę, poczułem pozytywną energię. Trudniej jest tym, którzy po opuszczeniu ośrodka wracają w miejsce wyjścia.

# 10 Powrót do świata

Rozumiem, że chciałeś, aby ten świat już został czysty. Już wyszedłeś z narkotyków.

Tak sądziłem. Ale to było myślenie życzeniowe. Chodzenie po lodzie wymaga uważności, a ja byłem odurzony trzeźwością. To sprzeczność, ale tak właśnie było. Stałem się nieuważny w swojej pazerności na normalność. Wszystko wokół mnie było takie piękne, inne niż dotychczasowy brudny świat ćpania. Piękne – bo nowe, nieznane, będące w dużej mierze projekcją, czyli marzeniem, iluzją, fantazją. Byłem spragniony czułości, przytulenia, seksu; byłem wygłodniały akceptacji, bliskości. Podobnie jak wygłodniały samiec, który po długim okresie odosobnienia wychodzi na wolność. Wszystko potoczyło się błyskawicznie. Zachłyśnięcie wolnością było tak silne, że pierwszą napotkaną kobietę potraktowałem jak szklankę wody na pustyni, a ponieważ fizycznie przypominała moją wcześniejszą ważną partnerkę, którą straciłem przez ćpanie, więc chcąc światu ogłosić, że już jestem normalny, zakochałem się w niej na zabój. Mijają trzy miesiące i jest ciąża, a potem ślub. Jest praca. Jest rodzina. Nagle wszystko zaczyna się pięknie toczyć. Zaczynam normalnie żyć.

Ile miałeś lat?

24.

I co sobie pomyślałeś, gdy usłyszałeś o ciąży?

Że to jest ten czas. Pamiętaj o wyposzczeniu, pragnieniu normalności, odbiciu wahadła w drugą stronę. Dla mnie ta ciąża była błogosławieństwem, zbawieniem. Bo czy jest coś piękniejszego na potwierdzenie twojej tożsamości jako człowieka niż danie nowego życia? I ja, tak zdefektowany, odtrącony ćpun, nagle spełniam dziejową misję! To dlatego narkomani tak chętnie wchodzą w związki i rozmnażają się jak króliki. Nie są jeszcze gotowi mentalnie, psychicznie. Daleko im do dojrzałości i odpowiedzialności. Więc w tym miejscu składam głęboki ukłon wobec mojej ówczesnej żony, że przyjęła mnie z całym dobrodziejstwem inwentarza. Chociaż w dniu ślubu Beata miała 17 lat.

Nie za mało?

Teraz wiem, że za mało, ale pamiętaj, że kobieta w sferze emocjonalnej dojrzewa szybciej od mężczyzny – mniej więcej o siedem lat.

A co na to twoi rodzice?

Rodzice dali mi to, czego od nich oczekiwałem – pełną akceptację. Nigdy im tego nie zapomnę. Bardzo nam pomagali.

Mieszkaliście u nich?

Nie. Od razu przeniosłem się do domu rodziców Beaty. W mojej głowie dominowało idealistyczne podejście do rzeczywistości. Założenie było takie, że ma być fajnie, czyli miło i przyjemnie, lecz niestety wahadło zaczęło odbijać również w drugą stronę. Mimo szczerych chęci i ambicji nie byłem do końca dojrzały. Gdybym miał tę wiedzę, jaką mam teraz, to z zakładaniem rodziny bym trochę poczekał. Ale wtedy zdarzyło się to, co się zdarzyło. Oboje podeszliśmy do tego w miarę dojrzale. Beata ani przez chwilę nie pomyślała o usunięciu ciąży. I to też mnie w niej zachwyciło. Gorzej zrobiło się później.

Wiedziała, że jesteś po przejściach?

Oczywiście. Beata też miała przejścia ze swoją rodziną i chciała wyfrunąć z domu. Nie udało się, bo zamieszkaliśmy u jej rodziców. W ich domu jednorodzinnym pod Warszawą, na piętrze, które sami wykończyliśmy.

Niestety coraz częściej zacząłem odnajdować w sobie skłonność do szukania protezy w postaci substancji zewnętrznej. Byłem zablokowany na heroinę, ale nagle dostrzegłem wszechobecny alkohol, którym wcześniej się nie interesowałem. Teraz zaczął on nabierać w moim życiu coraz większego znaczenia. To było trochę szukanie legalnego, akceptowanego środka. Jakby też trochę łasiłem się do normalnego świata, do którego niedawno wróciłem. I picie alkoholu miało mi w asymilacji z nim pomóc.

No tak, bo wszyscy piją.

W mojej pracy faktycznie pili wszyscy. Na dodatek teść był alkoholikiem. I chociaż byłem bardzo odpowiedzialny, pracowałem, zajmowałem się dzieckiem, jednak alkohol zaczął odgrywać coraz większą rolę. Alkohol przenika ciało i duszę bezszelestnie. Nie obciąża sumienia, bo jest akceptowany społecznie, a my podprogowo szukamy akceptacji (ja wtedy szukałem jej wręcz histerycznie). Wpadłem w sidła rozpowszechnionej bzdury, że środek legalny jest bezpieczny. Nie był takim. Stał się moim kolejnym fałszywym kumplem po heroinie. I chociaż nie piłem ogromnych ilości, robiłem to regularnie. Doszło do tego, że kończyłem alkoholem każdy dzień. Przekroczyłem magiczną granicę uzależnienia.

Potem dołączyła jeszcze marihuana, później mało ciekawe incydenty z kokainą. Wyskoczyłem z jednego problemu i wskoczyłem w drugi. Coraz trudniej mi było normalnie funkcjonować.

Alkohol mogę jeszcze zrozumieć, ale dlaczego marihuana?

Dlatego, że to było ogniwo, z którego nie skorzystałem wcześniej. Wydawało mi się, że istnieje możliwość korzystania z dobrodziejstw narkotyków w sposób kontrolowany.

Czyli tendencja do uzależnień cały czas w tobie drzemała?

Tak. To jest problem dziewięćdziesięciu dziewięciu procent osób, które wychodzą z ośrodków leczenia uzależnień. Tak naprawdę duża część z nich zostaje alkoholikami. Kiedy ostrzegam swoich pacjentów, że mają w sobie ten problem, tylko jeszcze nieuaktywniony, mówią: „Ale ja nie lubię alkoholu!". No, ja też nie lubiłem!

Wracając do marihuany. Wyobrażasz sobie chodzić po górach i nie wejść na szczyt? Nie osiągnąć tego, co najfajniejsze? A taką najfajniejszą mieszanką jest miks alkoholu z marihuaną.

I jaki stan daje?

Euforii, odprężenia, zrelaksowania.

Tak jak po heroinie?

Nie. Nie ma nic tak fajnego jak heroina. Jednak za nią już nie tęskniłem, bo wiedziałem, że mnie zabije, mimo to obrazy orgiastycznych heroinowych uniesień z przeszłości kazały mi szukać zastępstwa w postaci innych kompulsji (czyli kompensowania swoich deficytów przez substancje chemiczne lub zachowania ryzykowne). Moje receptory nie były zaspokojone, uśpione. Nie docierało do mnie jeszcze, że należało ruszyć dupsko i pojednać się ze sportem. Ciało miałem zdrowe, ale głowę nieposklejaną, chorą. Dlatego powoli tonąłem, rozwalając coś tak pięknego, co ledwie się narodziło: moją trzeźwość, stabilność emocjonalną i wszystko, co było dookoła.

Moje małżeństwo zaczęło się sypać. Przez alkohol i marihuanę dodatkowo siadło mi libido. Praktycznie byłem wtedy impotentem. Miałem poczucie winy, że nie mogę normalnie współżyć z żoną. Czułem się coraz bardziej bezwartościowy. Więc coraz mniej chętnie wracałem do domu, za to coraz chętniej nocowałem w Warszawie, w chwilowo pustym mieszkaniu mojego ojca. Zacząłem prowadzić podwójne, a raczej potrójne życie, bo oprócz narkotyków pojawiła się również kochanka, a ponieważ to była nowość, więc na początku mogłem znów poczuć się sprawnym facetem.

Super, ale może najpierw opowiedz o „mało ciekawych incydentach" z kokainą. Alkohol i marihuana ci nie wystarczały?

Nadal poszukiwałem bezkarnego haju, porównywałem to i owo do mojej bogini z przeszłości. Podobnie jak facet, który spotka najwspanialszą kochankę w swoim życiu i później porównuje do niej wszystkie następne.

To jaka jest kokaina? To teraz modny narkotyk?

To bardzo modny narkotyk, dlatego że ma świetną reklamę. Jest obecny w kontekście zamożnych, bogatych, niepokornych – świata aktorów, muzyki, Hollywood, szybkich samochodów. Dzięki dobrej reklamie można wypromować wszystko, nawet tak beznadziejny towar. Swoje doświadczenie z kokainą opisał Stanisław Ignacy Witkiewicz. Wszystkim, którzy chcieliby jej spróbować, dedykuję to zdanie: „Kokaina jest jak kochanka, która bardzo wiele obiecuje, ale tak naprawdę nic nie daje".

No chyba coś daje, skoro ludzie tkwią w tym nałogu i nie przerzucili się na inny narkotyk.

Przeważnie jest tak, że kokainiści wciągają iluzję, złudzenie, projekcję. To podobnie jak z ecstasy – narkotykiem, który został stworzony przez Alexandra Shulgina jako lek do leczenia fobii społecznej, wycofania interpersonalnego. Ludzie z fobią społeczną po wzięciu pigułki metylenodioksymetamfetaminy (MDMA) bardzo kochają innych ludzi. Nic dziwnego, że ecstasy stała się tzw. dragiem klubowym.

Kokaina jest substancją, która daje pewną euforię, uczucie lekkiego orgazmu psychicznego, poczucie wielkiej siły. Ale ten stan trwa pięć, maksymalnie 10 minut. Ten narkotyk może się podobać ludziom, którzy mają potworne deficyty, ludziom bez pewnego fundamentu wartości, pewnych celów w życiu.

Miałem parę kilkudniowych ciągów, ale cały czas towarzyszyło mi uczucie zawiedzenia. Czekałem na to coś, co ma nastąpić. Bo skoro tylu ludzi bierze kokainę i pokazują ją w filmach jako coś naprawdę wyjątkowego, to spodziewałem się nie wiadomo czego. Moje rozczarowanie było tym większe, im bardziej rozpasane były moje oczekiwania.

Kokaina potrafi ciężko poturbować uzależnionego, ale przy heroinie jest słabiutka pod każdym względem, również jeśli chodzi o odstawienie.

Moje eksperymenty z nią to były tylko zabawy. Niebezpieczne, durne, ale tylko figle. Nie kończyły się długotrwałym ciągiem. Chociaż raz przytrafiła mi się bolesna sytuacja. Pierwsza tak dokuczliwa i generalnie ostatnia. Mój ojciec pomieszkiwał wtedy wymiennie u mamy i u kochanki. Załatwiłem sobie kokainę, podobno doskonały towar, i zamknąłem się w jego mieszkaniu, żeby skosztować tego smakołyku. Nie planowałem długiego pobytu. Akcja miała trwać jeden dzień. Trzeciego zorientowałem się, że lodówka jest pusta; czwartego dnia ciągłego dokupowania towaru co kilka godzin sięgnąłem po oszczędności odłożone na wakacje i remont mieszkania. Kokaina jest droga, nieadekwatnie droga, a ja nie mogłem przestać. Modliłem się, aby nikt mnie nie szukał. Na szczęście rodzice myśleli, że jestem u żony, żona zaś – że jestem u rodziców, więc miałem pełen komfort ćpania. Szóstego dnia tego amoku wydałem ostatnie pieniądze, jakie były w domu. Ogarnęło mnie nieznośnie dokuczliwe poczucie winy. A na poczucie winy należy bezwzględnie coś zaćpać. Tylko nie było już za co.

Zbliżała się nieuchronnie chwila, która dla każdego kokainisty jest jak stanięcie przed plutonem egzekucyjnym. Bo kokaina ma jedną paskudną wadę – ma bardzo silny moment „schodzenia" („schodzenie" to tzw. zejście z działania euforycznego narkotyku i powolne przechodzenie organizmu w stan normalny, niestety, poprzedzony czymś, co można nazwać dekompresją organizmu, okresem bardzo przykrym fizycznie i psychicznie). Pojawia się wtedy światłowstręt, a wszystkie wrażenia negatywne zostają zwielokrotnione po stokroć.

## Wszystkie nasze demony?

Demony w naszej głowie. Wszystkie wizje, które nas przerażają. Te zwały niepowodzeń, naszych kompleksów stają się tak realne, że zupełnie nie masz poczucia, że są wynikiem twojego naćpania. Na dodatek odnosisz wrażenie, że to się nigdy nie skończy.

Zacząłem mieć zejście nieporównywalne do żadnego z wcześniejszych – nawet do tych po heroinie. Wyrwałem przewody telefoniczne, wyrwałem dzwonek do drzwi, żeby nikt nie mógł wejść, żeby mnie nie dopadł. Bo miałem wrażenie, że każdy chciał mnie wtedy zabić. To była psychoza...

Przypomniałem sobie, że kiedy człowiek schodzi z kokainy, może uspokoić to rozedrganie, sięgając po piwo, które zawiera alkaloid – lupulinę, używaną do produkcji leków wyciszających. Wypiłem jedno piwo, trzecie, czwarte, kompletnie ich nie czując. Bo kokaina znosi działanie alkoholu na poziomie percepcji...

## Możesz wypić litr wódki i nic nie poczuć?

Tak. Dlatego łatwo przedawkować. Może nastąpić zgon.

Bardzo często narkomani, którzy są uzależnieni od kokainy, pijąc bez umiaru alkohol, lądują w psychiatrykach. W takich sytuacjach wskazany jest umiar, ale jak mówić o umiarze u narkomana? Byłem pod wpływem alkoholu i mówię sobie: „Kurwa, nie mogę się uspokoić! Szaleństwo narasta, coś trzeba zrobić!".

Schodziłem z kokainy, ale w głowie zmęczonej kilkudniowym mitingiem lęgło się monstrum coraz większych rozmiarów. Byłem starym, doświadczonym narkomanem, który wiedział, co w takich sytuacjach należy robić. Pomimo potwornego ryzyka, balansowania na krawędzi obłędu, resztki świadomości trzymałem kurczowo w garści. Teraz liczyła się tylko fizyczność – musiałem zrobić coś, co odczuję na swoim ciele. Ból ma w takich sytuacjach właściwości terapeutyczne, dlatego czasami cios w twarz otwartą ręką przywraca świadomość. Ja, żeby złapać kontakt z rzeczywistością, wykombinowałem coś innego – wlazłem w ubraniu do wanny i polewałem się zimną wodą. Bezskutecznie. Wylazłem z wanny, poleciałem do pokoju, usiadłem w fotelu, zawinąłem się w koc i zacząłem się kiwać. Zacząłem krzyczeć: „Dość, dość, dość! Niech to zejdzie! Niech to się w końcu skończy! Ja nie chcę zwariować!". Nigdy w życiu tak się strasznie nie bałem. Byłem pewien, że wariuję. Bardzo chciałem zanurzyć się w sen, w letarg, ale nie miałem żadnych anksjolityków typu benzodiazepiny, a w domu jedynym środkiem rozluźniającym, wyciszającym, był alkohol, który okazywał się w tej sytuacji za słaby.

Przypomniałem sobie, że marihuana bardzo skutecznie podwyższa działanie alkoholu. Dotarło do mnie, że gdzieś ją mam. Nie uwzględniłem jednak faktu, że marihuana potęguje wszelkie stany psychofizyczne, więc kiedy ją zapaliłem, wszystko się przepoczwarzyło jak w komiksie o Hulku, który pod wpływem zielonej mikstury rozrasta się do niebotycznych rozmiarów. Niczym Hulka od środka rozerwał mnie zielony stwór i znalazłem się w samym kotle piekielnego ognia. To było potworne! Wyobraziłem sobie, że promyki światła dziennego będą mnie paliły jak laser, że moje ciało będzie skwierczeć, że mi wypali oczy. Że za oknem jest promieniotwórcza otchłań. Był wtedy piękny wiosenny dzień, a ja zacząłem zasłaniać okna prześcieradłami, kocami, ręcznikami – wszystkim, co się do tego nadawało. Zwierzęta w czasie paniki chowają się do ciemnej nory. Ja też chciałem wejść. Zasłoniłem wszystkie okna, wysuszyłem się, założyłem dres i schowałem się pod kołdrą. Pamiętasz film *Requiem dla snu*? Ostatnią scenę, w której główny bohater siedzi skulony na łóżku? To byłem ja.

Tylko że ja leżałem skulony na boku z innych powodów. Bohater filmu przegrał; ja byłem po nokaucie. Solidny nokaut bywa zbawienny, ale tylko pod warunkiem, że jego siła nie przekroczy progu naszej odporności. Mnie – na szczęście – ocucił, wyzwolił sportowe wkurzenie, które uaktywniło proces reaktywacji, choć może też przerwać rdzeń kręgowy siły woli.

Pamiętam pacjenta, który trafił do mnie przed laty w fazie destrukcji kokainowej. Wcześniej pracował na Okęciu, był celnikiem. To były lata dziewięćdziesiąte, kiedy kokaina zaczęła być w Polsce coraz bardziej popularna. Jej dostawy szły bezpośrednio do Polski, ale nasz kraj był także szlakiem przerzutowym. Od niego dowiedziałem się, jak wyglądało przechwytywanie transportów. Procedura była taka, że zatrzymany towar lądował w magazynie celników. Tyle tylko, że nigdy nie trafiał tam w całości, np. kiedy przechwycono 10 kilogramów, osiem szło do magazynu, a dwa brali na własny użytek. Ten celnik zaczął handlować kokainą. Miał rodzinę, dzieci. Był normalnym facetem, przystojnym, sportowcem. Niestety popełnił kardynalny błąd w tej branży – zaczął próbować. I uzależnił się. I tak, jak przez kilka lat uprawiania tego procederu bardzo szybko się wzbogacił, tak bardzo szybko przyszła destrukcja, bowiem osobowościowo pasował do profilu ludzi biorących kokainę: wycofany, trochę nieśmiały, zdystansowany, introwertyk. Nagle dostał substancję, która zrobiła z niego takiego, jakim zawsze chciał być. Facet zaczął tracić wszystko. Najpierw stracił pracę. Jednak nie dlatego, że był złodziejem (bo sprawa wynoszenia towaru nigdy nie wyszła na jaw), tylko dlatego, że z powodu swojego uzależnienia przestał przychodzić do pracy. Zasoby się skończyły, stracił rodzinę. Stał się zwykłym narkomanem, który z braku dostępu do kokainy przerzucił się na znacznie tańszą, bardziej toksyczną i rujnującą mózg polską amfetaminę. Zaczęły się problemy neurologiczne, czyli zaburzenia świadomości, osobowości, i stał się klientem psychiatryka. Pracowałem wtedy jako terapeuta w ramach NFZ-etu, więc miałem do czynienia z ciężkimi przypadkami ludzi biednych, z marginesu. Facet trafił do mnie w dosyć nieciekawym stanie, z opaską na oku. Spytałem, co się stało. Powiedział, że ktoś go zaczął śledzić, że ciągle widział dziwnych typów chodzących za nim po ulicach. Ze strachu ukrywał się w domu. Któregoś dnia, gdy uczucie lęku było wyjątkowo nieznośne, doszedł do wniosku, że ktoś musi wiedzieć, gdzie przebywa; że jest namierzany dzięki ukrytemu modułowi GPS. Skojarzył sobie, że wszystko zaczęło się od wizyty u okulisty. W chorej głowie pojawiła się myśl, że to robota lekarza. Jedynym sposobem, aby uwolnić się od prześladowców, było usunięcie wszczepionego nadajnika. Jak to zrobić? Najlepiej łyżeczką i razem z okiem...

Był u mnie na paru sesjach w okresie, gdy przyjmował mocne psychotropy po wyjściu ze szpitala psychiatrycznego. Niestety, miał już zaburzenia organiczne mózgu, uniemożliwiające mu odbywanie normalnej terapii ambulatoryjnej, którą mogłem zaproponować. Kwalifikował się tylko do ośrodka długoterminowego dla narkomanów (do którego dostał skierowanie, lecz z niego nie skorzystał).

Po jakimś czasie, będąc u moich rodziców, poszedłem do śmietnika wyrzucić śmieci. Zawsze koczowali tam jacyś bezdomni. Nie zaskoczyło mnie więc, gdy usłyszałem: „Może mi pan dać pięć złotych na bułkę?”. Spojrzałem w kierunku, z którego dochodził głos. Zobaczyłem mężczyznę w kapturze, z opaską na oku. To był on.

Nieprawdopodobnie mocne doświadczenie. Myślę, że on już nie żyje. Tę historię często opowiadam w swoim gabinecie kokainistom. Mam pacjenta, który od pięciu lat nie bierze kokainy. Mówił mi, że ta historia tak go przeraziła, że nigdy więcej już po ten narkotyk nie sięgnął. Jednak nieczęsto się zdarza, aby czyjaś historia zmieniła nasze życie. Ważniejsze jest własne doświadczenie. Tak jak moje, gdy wstrząsnął mną stan żywcem z „Requiem dla snu”.

To było moje ostatnie doświadczenie z jakimikolwiek narkotykami. Powiedziałem, że nienawidzę tego, kim się po ich zażyciu staję. To zadziałało tak mocno, że zostałem nawet abstynentem alkoholowym. Na wiele lat.

# 11 Trawa

Muszę cię spytać o marihuanę. Bo często nawet ci, którzy nie dają zgody na narkotyki twarde, marihuanę traktują pobłażliwie – ot, takie niewinne palenie trawki. Mówiłeś o niej w połączeniu z kokainą, a gdybym tylko paliła marihuanę?

Od lat utrwala się w przestrzeni publicznej hasło: „Palić zioło jest wesoło", co jest w konsekwencji wyjątkowo smutne dla tych, którzy w to naiwnie uwierzą. Marihuana faktycznie występuje w aureoli niewinnego, niegroźnego ziela, choć wcale tak nie jest. O ile alkohol działa na ludzi bardzo podobnie: jedni upijają się na smutno, inni – na wesoło, ale generalnie zawsze kończy się kacem, po marihuanie tak nie jest. To, jak się będę czuł, zależy od mojego potencjału twórczego, stanu, w jakim akurat jestem (zdołowany lub szczęśliwy), od tego, czy mam predyspozycje genetyczne do depresji (a tego nikt nie wie), czy mam głęboko ukryte urazy (o których tym bardziej nie wiemy).

Krótko mówiąc, marihuana może uaktywnić nasze różne przypadłości, spotęgować różne stany psychofizyczne. U niektórych osób wywołuje euforię, przyjemny stan tzw. upalenia, ujarania, u innych pojawia się stan tzw. głupawki, czyli żywiołowego, niekontrolowanego, ekspresyjnego, a czasami nawet spazmatycznego, konwulsyjnego śmiechu. Po marihuanie mocniej odczuwamy bodźce zewnętrzne, mocniej odbieramy muzykę, mocniej odczuwamy smaki. Co ciekawe – można wtedy jeść fast fooda i mieć takie doznania, jakby się jadło nieprawdopodobnie wykwintną potrawę (wyjaśnia to efekt występujący po THC, polegający na umiejętności wkręcania się, czyli łatwiejszego wyobrażania sobie tego, co nie istnieje). Niektórzy palacze mają też dużo mocniejsze doznania płynące z seksu.

Same plusy.

Muszą być plusy, bo inaczej po co sięgalibyśmy po marihuanę? Do tego dochodzi jeszcze niejasny przekaz w mediach oraz wątpliwości prawne. Ludzie naprawdę wykazują się wielką naiwnością, a mówiąc wprost – wielką głupotą, gdy myślą, że jeśli coś jest legalne, to znaczy, że jest bezpieczne. Przecież legalny alkohol jest potwornie niebezpiecznym narkotykiem. Podobnie nikotyna. Więc marihuana, w tej aureoli łagodności, w tej mgle sprzecznych informacji, niestety bywa często dla niektórych ludzi gwoździem do trumny emocjonalnej, do tego bąbla percepcyjnego, w którym się zamykają. Jeszcze pół biedy, gdy marihuanę palisz z przyjaciółmi, od przypadku do przypadku, raz na dwa, trzy miesiące. Jednak niektórzy tak się w niej rozsmakowują, tak im się podoba to odcięcie od negatywnych bodźców zewnętrznych, że palą ją coraz częściej i częściej. Ta – mówiąc slangowo – wkrętka jest bardzo silna. Tym silniejsza, im więcej negatywnych bodźców. Nie żyjemy na bezludnej wyspie, gdzie bylibyśmy odcięci od problemów dnia powszedniego. Zawsze jest jakiś ZUS, skarbówka, mandaty, nasze dolegliwości fizyczne i emocjonalne. I otwiera się niebezpieczna otchłań, ponieważ wytwarza się nawyk: kiedy pojawia się problem, to, aby się od niego odciąć, sięgamy po protezę. Ale tak jak wcześniej wspomniałem, kryzysem jest również sukces. Wygranie miliona złotych w totka jest kryzysem emocjonalnym i – choć może się to wydać dziwne – również egzystencjalnym. Bo dotychczasowe życie całkowicie się zmienia. Ludziom w takiej sytuacji naprawdę trzeba pomagać. Poza tym każdy potrzebuje także nagrody. Jeżeli osiągnę sukces, zrobię coś fajnego, spełnię jakieś swoje marzenie, wtedy włącza się skrypt: „Zasługujesz na nagrodę! Weź coś, co ci sprawia przyjemność!". I co wtedy robię? Palę jointa! Wpadam w błędne koło: gdy jest mi źle – palę jointa; gdy jest mi dobrze – też palę jointa.

To, jak się czujemy po marihuanie, jest uzależnione nie tylko od jakości towaru. Tak jak w kleju dwuskładnikowym, żeby nastąpiła reakcja wiązania, muszą być wymieszane dwa składniki. Jedna część – to towar, druga – to wszystko, co wnosimy do tego kontraktu: nasze deficyty, problemy, zasoby, braki. I dopiero wtedy można mówić o tym, czy po zapaleniu jointa poczujemy się dobrze, czy poczujemy źle. Ale ludzie tego nie wiedzą. Myślą, że będzie tak fajnie jak u kumpla. Tak jak w przypadku szesnastolatka (szeroko opisywanego w mediach), który też porównywał się z innymi. Uznał, że skoro im było dobrze po trawce, to dlaczego jemu miałoby być źle? Przecież to tylko marihuana. Light! Dupa, nie light! W jego przypadku to była siekiera, która przecięła całą egzystencję. Powiesił się. Bo nie uwzględnił, że chorował na depresję, a depresja nie lubi marihuany. To tak, jakbyś chciała zagasić ognisko benzyną. Oczywiście, jeżeli człowiek nie ma skłonności do wkręcania się w historie lękowe, jest większe prawdopodobieństwo, że nic mu się nie stanie. Jednak takiej gwarancji nigdy nie ma. Nigdy nie wiesz, czy będziesz się czuć dobrze, czy pójdzie ci w złą stronę i wejdziesz w psychozę. To zawsze jest ryzyko.

Przykład? Pracownik pewnego ważnego urzędu państwowego, 32 lata. Konkretny facet, umysł ścisły, bardzo sprawny zawodowo. Zaczął palić dosyć późno, bo w wieku 24 lat. (Z reguły zaczynają palić marihuanę ludzie w wieku 12–14 lat. Gimnazjaliści są wytrawnymi jaraczami, świetnie wyedukowanymi w tym, co chcą wiedzieć. To mistrzowie selekcji w dopływie wiedzy. Wdają się ze mną w absolutnie profesjonalne dyskusje na temat odmian, rodzajów hodowli, na temat działania, metod szybkiego wypłukiwania THC z organizmu. Lecz niestety wypierają ze świadomości element negatywnych konsekwencji obecności THC w naszym mózgu). Więc ten pacjent rzeczywiście zaczął późno palić.

„Nie poszło mu w odpowiednią dziurkę", nie tego oczekiwał, ale wierzył, że jednak uda mu się marihuanę ujeździć jak mustanga, aby sprawiała przyjemność, a nie obniżała nastrój; co zaczęło mieć miejsce. Niestety marihuana uaktywniła u niego pewne zaburzenia psychiczne, więc wylądował na miesiąc w Tworkach. Przez ten miesiąc nie palił, ale kiedy wrócił do świata, wyparł – jako osoba już uzależniona – fakt, że znalazł się w szpitalu psychiatrycznym przez marihuanę. Przecież niektórzy celebryci mówią, że marihuana jest niewinnym zielskiem! Mało tego – jest lekiem! (Tymczasem, chociaż w prasie możemy przeczytać mnóstwo pseudonaukowych artykułów na ten temat, takie stwierdzenie jest nadużyciem – bo medycyna poradzi sobie bez marihuany jako leku, natomiast nie poradzi sobie np. bez morfiny. Poza tym skoro morfina jest lekiem, to czy możemy zażywać ją na poprawę nastroju?).

Tak więc według mojego pacjenta marihuana nie mogła spowodować, że przez miesiąc przebywał w psychiatryku. Dlatego palił dalej. I pojawiły się kolejne problemy. Jednak on wmawiał sobie, że za jego coraz gorsze relacje z dziewczyną nie odpowiada marihuana, tylko dziewczyna, która okazała się głupia. Dlatego wymienił dziewczynę na drugą, potem na kolejną. I znowu na miesiąc wylądował w psychiatryku. Tym razem w Instytucie Psychiatrii i Neurologii przy Sobieskiego.

Na pierwszą wizytę przyszedł do mnie z aktualną dziewczyną. Na kolejną już sam. Nie zastanawiał się nad sobą. Nie przestrzegał kontraktu w utrzymywaniu abstynencji, bo nadal uważał, że cały świat jest winien temu, że jest mu źle. A marihuana jest niewinna. W końcu rzucił się na tory metra warszawskiego przy stacji Politechnika. Skutecznie.

Mówisz tak, jakby łatwo było tego kontraktu dotrzymać. A co z głodem?

Głód przy marihuanie ma się nijak do głodu heroinowego czy alkoholowego, które są ekstremalne. W tym wypadku mówimy o pewnym poziomie niepokoju, tzn. marihuana nagle odstawiona po latach palenia powoduje u niektórych bezsenność, nerwowość, labilność. Każdy reaguje inaczej, podobnie jak przy odstawieniu nikotyny, kiedy jednym łatwo przychodzi rzucenie palenia, a innym zdecydowanie trudniej. Ekstremalnym przykładem jest mój znajomy, który przy odstawianiu nikotyny zachowuje się jak heroinista, któremu zabrano działkę: ma zaburzenia świadomości, biegunkę, wymioty; to objawy niespotykane u większości ludzi. Nie można więc generalizować. To, że komuś marihuana nie szkodzi, nie znaczy, że nie zaszkodzi również tobie czy mnie. Nie mówmy, że palenie raz na jakiś czas małej ilości jest bezpieczne, bo może się okazać, że nie jest. To czysto indywidualna kwestia.

Palacze marihuany mają ulubiony argument: marihuana nie zabija! Nie powoduje, że paląc, zachorujemy na raka płuc – więc jest lepsza od nikotyny! Nie wywołuje raka wątroby – więc jest lepsza od alkoholu! To nadużycie. Marihuana na poziomie *stricte* fizjologicznym rzeczywiście jest mniej toksyczna, tyle tylko, że jest podstępna. Wspomniałem już, że trzeba spełniać pewne warunki psychiczne, jednak jest jeszcze jedno „ale" - większość palących marihuanę (nawet po kilkanaście lat) nie wie, jak ona działa. Nie wie, że bardzo długo się metabolizuje, że znajduje się w organizmie siedem do dziesięciu dni u kogoś, kto zapalił pierwszy raz, a nawet do półtora, dwóch miesięcy u kogoś, kto pali częściej. Niektórzy sądzą i głoszą, że marihuana wykrywana jest w moczu, kiedy jest aktywna, a później jest już nieaktywna. Większej bredni nie słyszałem. Testy mają pewną czułość. Fakt, że test nie wykrył marihuany, nie oznacza, że jej w organizmie nie ma. Tetrahydrokannabinol (THC) odkłada się (i kumuluje) w komórkach lipidowych, czyli komórkach tłuszczowych, których najwięcej mamy w mózgu. W nich zanurzona jest cała nasza elektronika. THC nie uszkadza połączeń międzyneuronowych (tak jak amfetamina czy kokaina, które mogą je trwale uszkodzić i spowodować zaburzenia psychiczne), lecz powoduje czasowe zaburzenia przepływu informacji. Palacza marihuany można poznać po tym, jak się zawiesza – gdy coś opowiada, peroruje i nagle traci wątek (oczywiście każdemu z nas się to zdarza, lecz u niego to standard). Marihuana ma wpływ na kondycję psychiczną i sprawność fizyczną. Uszkadza płaty przedczołowe, które są odpowiedzialne za emocje, planowanie, organizację, empatię. Proces ich odtwarzania trwa wiele miesięcy. Dokładnie pokazuje to badanie SPECT (ang. *single-photon emision computed tomography*), czyli mapa aktywności mózgu.

Substancja psychoaktywna zawarta w marihuanie i haszyszu obecna jest w komórkach lipidowych naprawdę przez długi czas. Zadzwonił kiedyś do mnie pacjent, który nie palił od pół roku: „Robert, nie wiem, co się stało. Byłem w saunie i wyszedłem z niej na czworakach! Jakbym był totalnie zjarany! Uwierz mi, ja naprawdę nie palę!". Co się stało? Po prostu długi seans w wysokiej temperaturze spowodował aktywację odłożonych w lipidach złogów THC, które przeszły do krwioobiegu. Żadne testy nie wykazywały obecności marihuany w jego organizmie, ale ona wciąż w nim była. Więc chociaż po jakimś czasie marihuana jest niewyczuwalna, to nadal działa jak delikatny filtr oddzielający nas od rzeczywistego świata.

Ja potrzebowałem 12 miesięcy, żeby wrócić do pionu. Przez 12 miesięcy uczyłem się funkcjonować na nowo, bo tyle mniej więcej trwa ten proces.

Dlaczego Amerykanie robią pilotom linii lotniczych badanie włosa raz na pół roku? Bo we włosach wszelkiego rodzaju substancje (w tym narkotyki) odkładają się najdłużej. Z tego wynika, że Amerykanie nie uważają marihuany za niewinne ziele. Chociaż można ją kupować legalnie w niektórych stanach, to nie znaczy, że jest całkowicie bezpieczna. A tak błędnie myślą miłośnicy marihuany. Ale jeszcze większym błędem niż popełnienie go, jest upieranie się przy nim.

Kiedyś przyszła do mnie para trzydziestolatków z problemem całkowitego zaniku czerpania przyjemności z seksu. Mieli do wyboru albo rzucić się w wir seksualności poza związkiem, albo coś zrobić. Przemilczeli fakt, że non stop jarają zielsko. A ponieważ obserwowałem komunikację między nimi i ze mną, natychmiast uderzyło mnie to, że nie jest tak sprawna, jak być powinna. Zadałem pytanie, czy palą marihuanę. Skonsternowani, popatrzyli na siebie i się przyznali. Każdy ich seks był związany z paleniem. Długo musieliśmy rozmawiać, aby zrozumieli, że marihuana może być tym czynnikiem negatywnym, bo chociaż może spotęgować przyjemność, jednak ilość doznań, jakie daje, w pewnym momencie się kończy. I następuje nasycenie.

Sam też przez to przeszedłem. Moja partnerka genialnie reagowała na marihuanę, ja do pewnego momentu również. Do tego stopnia, że musiałem wyciszyć sufit, bo sąsiedzi nie byli w stanie znieść tej eksplozji euforii. Było burzliwie i głośno. Ale przyszła kryska na Matyska. Kiedyś w trakcie sytuacji intymnej, gdy wykonywałem te dziwne, śmieszne ruchy, nagle mój wzrok padł na półkę z moimi ulubionymi książkami i dostrzegłem, że brakuje jednego tomu z tryptyku Jerzego Krzysztonia *Obłęd*. Nie ma trzeciego tomu! I natychmiast, bo tak działa marihuana, zacząłem analizować, co się z nim stało: „Kto go wziął?! Bo nie pamiętam, żebym go pożyczał!". I cały czas myśląc, gdzie podziała się książka, jednocześnie wykonywałem te śmieszne ruchy. Drodzy panowie! Wszyscy wiemy, że nie da rady połączyć tych dwóch czynności. Jeżeli ma być seks, to nie może być na dłuższą metę marihuany ani piwa. Bo przyjdzie moment, kiedy nasza sprawność seksualna radykalnie spadnie. Co i mnie kiedyś spotkało.

Ci ludzie rozstali się. Przestali palić, a wtedy zobaczyli siebie inaczej niż do tej pory. Stali się dla siebie mniej atrakcyjni. THC wytwarza bąbel percepcyjny, który jest pewnego rodzaju filtrem. W najlepszym wypadku, bo w najgorszym – może stać się wzmacniaczem, który wyolbrzymi rzeczy, których nie chcemy zobaczyć. Czy w internecie oglądamy wszystko? Nie. Jesteśmy selektywni. A marihuana pozbawia nas filtrów percepcyjnych – wchodzi wszystko. Kiedyś czytałem w gazecie nie najlepiej napisany tekst o dzieciach na dworcu w Leningradzie i płakałem! Pół biedy, gdy ktoś reaguje jak ja, ale osoby wrażliwsze ode mnie, neurotyczne lądują na kozetce u psychiatry. Tak jak pewien mój dwudziestodwuletni pacjent. Dla tego nieśmiałego, zakompleksionego, choć niezwykle przystojnego chłopaka seks po marihuanie skończył się tragicznie. Marihuana potęguje różne bodźce, również te bezsensowne, jesteśmy mniej selektywni, nie potrafimy skupić się na jednej rzeczy. Chłopak nie skupił się na tym, na czym w tym momencie powinien... i poszło mu w niesprawność fizyczną. Na dodatek dziewczyna okazała się mało delikatna, roszczeniowa, więc facet wylądował u psychiatry. Z psychozą, że jest impotentem i w ogóle jest beznadziejny, z myślami samobójczymi. A miało być tak fajnie! Bo kolega, gdy piliśmy browary i paliliśmy jointa, opowiadał, jaki miał świetny seks. Głupota ludzka nie zna granic! Ktoś myśli, że skoro w Formule 1 Kubica jeździł na torze 250 kilometrów na godzinę, to on może z taką prędkością jechać na autostradzie A2, skoro swoim autem też tyle wyciąga. A później zdrapuje się go z asfaltu. Takich ludzi będzie przybywać. Bo tak jest ten świat skonstruowany, że głupi odpadają – albo w oparach marihuany, albo na autostradzie, albo z wielu innych powodów. Oby tylko przy okazji jak najmniej szkód wyrządzili innym.

Ty, jak zrozumiałam, przestałeś palić po seansie kokainowo-marihuanowym z zasłanianiem okien?

Tak. Ale na to złożyło się kilka wcześniejszych zdarzeń, do których doszło w krótkich odstępach czasu. Bo nigdy nie jest tak, że budzisz się któregoś dnia i podejmujesz decyzję: „Od dziś wszystko zmieniam!". Jednym z nich była sytuacja, która miała miejsce tuż przed spotkaniem z moją dziewczyną. Wróciłem do domu, wyjąłem jogurt z lodówki. Zadzwonił telefon, odebrałem, dziewczyna poprosiła: „Kochanie, przyjedź po mnie. Będę czekać na Rozdrożu". Rozochocony perspektywą seksu, ubrałem się do wyjścia, bo miałem być na miejscu za 20 minut. Zgadnij, co robiłem przez następne półtorej godziny.

Siedziałeś.

Szukałem kluczy od mieszkania. I gdzie je w końcu znalazłem? W lodówce! Dlatego że człowieka, który pali marihuanę, cechuje tzw. myślenie poklatkowe – wypadają z pamięci pewne fragmenty jego działania.

Szwankuje pamięć krótkoterminowa i koordynacja kilku czynności naraz (np. dlatego po marihuanie bardzo źle kieruje się samochodem). Oczywiście cała masa palaczy marihuany będzie temu zaprzeczać. Jednak mógłbym zmienić swoje myślenie tylko wtedy, gdybym się dowiedział, że zadeklarowanym palaczem marihuany jest któryś z laureatów Nagrody Nobla, czyli ktoś, kto kilka lat poświęcił intensywnej pracy koncepcyjnej, do której używany jest głównie mózg. Ale wątpię, czy to się wydarzy, bo planowanie, skupienie, spójność, konsekwencja przy marihuanie niestety nie istnieją. Dlatego jeżeli osoby palące marihuanę są kierowcami, pilotami, obsługują jakiekolwiek pojazdy mechaniczne czy decydują o ważnych procesach, to są niebezpieczne dla otoczenia. Nie mam ochoty, żeby ludzie, którzy decydują o moim zdrowiu czy życiu, palili marihuanę. Nie chcę palacza lekarza, prawnika, strażaka, polityka. Jeśli ktoś chce ją palić, niech zdecyduje się na rolę fricka, outsidera, luzaka, czyli osoby, która żyje np. z tantiem, której twórczość nie ma wpływu na moje bezpieczeństwo.

Osoby te często publicznie mówią, że palą trawę i że nie widzą w tym nic złego...

Jeżeli ktoś się przyznaje, że bierze narkotyki, bo jest słaby, albo zapija swoje kłopoty, popala czy wciąga, bo nie umie poprawić sobie nastroju w zdrowy, naturalnie przypisany człowiekowi sposób, to proszę bardzo – niech głośno to mówi. Ale nie ma zgody na bezrefleksyjne przyznawanie się do brania narkotyków, mówienia o tym, że biorę, że ćpam, że chlam, wciągam i jest ze mną wszystko w porządku. Bo to się wzajemnie wyklucza. Połowa ludzi to zrozumie, ale znajdzie się banda nieukształtowanych małolatów, którzy słysząc, że jeden gość z drugim palą marihuanę rekreacyjnie, również po nią sięgną. Nie ma zgody na to, żeby narkotyki były promowane jako fajny sposób na zabawę. Bo nim nie są. Pal sobie w domu, ale nie chwal się tym publicznie, bo skoro nie dostrzegasz, że to obciach, to przynajmniej wiedz, że to szkodliwe dla niedojrzałych dzieciaków.

A co sądzisz o legalizacji marihuany?

Obecnie trwa permanentna promocja marihuany. Ciągle się o niej mówi, ciągle wytacza argumenty za i przeciw. Ponieważ młodzi ludzie raczej się buntują, więc nie skłaniają się ku poglądom stetryczałych dziadków (którzy chociaż kiedyś palili, to teraz są podobnie jak ja przeciwnikami palenia), tylko ku grupie rówieśniczej, która mówi: „Olej starych! Pal sobie, bo nic ci nie będzie!". Dlatego uważam, że jest złym pomysłem traktowanie marihuany jako substancji nielegalnej. Jestem za jej depenalizacją, a najchętniej, w dalszej konsekwencji – za legalizacją. Tylko że legalizacja to już jest stan ekstremalny, na który nie jesteśmy przygotowani z wielu powodów, więc uważam, że stanem pośrednim, bardzo pożądanym, byłaby marihuana w aptekach. Kto chce się nią odurzać, kto chce robić z siebie przygłupa – niech to robi. Ale na własną odpowiedzialność. Niech o tym zdecyduje również specjalista, psychiatra, psycholog. I tak, jak poddaje się badaniom kandydatów na kierowców czy osoby, które chcą posiadać broń, tak nie widzę problemu, żeby osobom chcącym palić marihuanę, zrobić test osobowościowy. A jeżeli ktoś przyjdzie i powie: „Chcę brać marihuanę, bo jest sensem mojego życia, jest lekiem na całe zło, bez niej oszaleję!", to kwalifikujemy takiego delikwenta jako posiadającego pewnego rodzaju zaburzenie (w chwili obecnej występujące nawet w klasyfikacji ICD 10 pod symbolem F-12 jako uzależnienie od kanabinoli) i wtedy może kupować ją w aptece na receptę. Mamy wtedy idealną sytuację: odcięcie tego zielska od małolatów, a ci dorośli, którzy chcą palić, niech nie kaleczą sobie sumienia łamaniem prawa, co jest równie złe, jak samo intoksykowanie, bo człowiek jest z gruntu uczciwy i każde łamanie prawa zostawia na psychice trwały ślad, *per saldo* obniżający jakość życia.

# 12 Nowy etap

Skończyliśmy opowieść o twoim życiu sceną jak z *Requiem dla snu*...

Po tamtym wydarzeniu przestraszyłem się tak bardzo, że zakończyłem eksperymenty z substancjami. Nie piłem już wódki, tylko niewinne piwo, bo tak je traktowałem. I jakby normalnie żyłem. Jakby normalnie – bo pracowałem, miałem rodzinę, nawet poszedłem na studia pedagogiczne, które sam wybrałem. Z drugiej strony prowadziłem bardzo niemoralne życie: miałem żonę, z którą nie żyłem, miałem kochankę, miałem niejasne priorytety życiowe. W tym czasie wszedłem w interesy: zacząłem prowadzić sklep. Nie miałem do tego talentu. Interes mi średnio wychodził. W naszym domu pojawiali się komornicy ścigający mnie za niezapłacone podatki. Żyłem w nieustającym napięciu. Do tego ta niejasna sytuacja z żoną. Przestałem wyrabiać, byłem pogubiony. Więc żeby się rozluźnić, po pracy wypijałem kilka piw. Wtedy nie miałem jeszcze w sobie imperatywu, żeby szukać czegoś, co naprawdę mi sprawia przyjemność. Byłem trochę między młotem a kowadłem.

Piwo bardziej rozluźnia niż wódka?

Z jakichś powodów, gdy jesteśmy skacowani po wypiciu wódki, sięgamy po piwo. Piwo ma w sobie dwie substancje odurzające: alkohol – produkt fermentacyjny, który jak działa, każdy wie, i lupulinę – alkaloid zawarty w szyszkach chmielu, z którego się robi leki. Mało mężczyzn wie, że leki z lupuliny są stosowane w medycynie na nadpobudliwość seksualną. Są mężczyźni, którzy nie są w stanie odbyć normalnego stosunku płciowego, ponieważ u nich trwa on 15 sekund. Dla niektórych to norma, ale są panowie oraz ich partnerki, których taki szybki seks nie satysfakcjonuje. No i wtedy pojawia się seksuolog z preparatami, które tę nadpobudliwość hamują. A jeśli ktoś nie cierpi na tę przypadłość, a serwuje sobie *de facto* lek w piwie – uspokajacz, wyciszacz – to nie ma możliwości, żeby nie odbiło się to na jego libido. Piwo jest antyafrodyzjakiem. U wielu mężczyzn wywołuje czasowy spadek aktywności i seksualnej, i każdej innej. A już szczególnie, gdy łączy się je z marihuaną. Ten miks niesłychanie rujnuje seksualność każdego człowieka.

Wróćmy do twojego „jakby normalnego" życia.

Jakoś funkcjonowałem. Studiowałem, pracowałem, ale nie było w tym energii. Mój ojciec był szefem sporej firmy i dodatkowo działaczem społecznym, aktywnie udzielającym się w obszarze organizacji pozarządowych. Tworzył stowarzyszenia, filie, otwierał poradnie. Kiedyś zaproponował: „Może byś poprowadził jakieś zajęcia dla dzieciaków?". Byłem w trakcie studiów, miałem już trochę umiejętności, doświadczeń. Byłem już po dwóch swoich terapiach: jednej w ośrodku i potem drugiej – alkoholowej. Ojciec uważał, że moja wiedza może się komuś przydać, ale sądzę, że chyba bardziej myślał o mnie – abym wyszedł do ludzi i zaczął realizować formułę: „Pomagając innym, pomagasz samemu sobie". Te zajęcia były trochę siermiężne (jak wszystko w tamtych czasach): rzutnik na żarówkę i folię, parę rekwizytów, okazało się jednak, że miałem talent, byłem oczytany, miałem duży zasób słów, więc poszło mi łatwo. Zajęcia się spodobały, więc w prowadzeniu ich zakotwiczyłem się na dłużej. Później zwrócił się do mnie ktoś, kto miał problem ze swoim synem. Miałem już, może nie za dużo, ale trochę dystansu do własnych doświadczeń z przeszłości, co ułatwia przekaz i prowadzenie terapii. Pogadałem z chłopakiem, ta rozmowa się spodobała i w świat poszła opinia, że jestem skuteczny i nie taki głupi, jak sam długo o sobie myślałem. To mnie niezwykle wzmocniło. Zacząłem więc wygaszać swoją działalność biznesową i coraz bardziej wchodzić w aktywność związaną z profilaktyką uzależnień i terapią. Niestety popełniłem kolejny błąd – zamiast głębiej wejrzeć w siebie (w myśl zasady: „Sam bądź zmianą, jaką chcesz dostrzec we wszechświecie"), nadal koncentrowałem się na tym, co na zewnątrz. W konsekwencji zaniedbałem życie prywatne, rodzinę. Moje małżeństwo umarło.

Większość kobiet nie zniesie niewierności i alkoholizmu partnera. Beata wniosła pozew o rozwód. Chociaż to ja byłem przyczyną rozpadu naszego małżeństwa, jej decyzja była dla mnie ciosem. Ale ktoś musiał podjąć męską decyzję. Sam wtedy nie potrafiłem – to problem pewnej impotencji decyzyjnej u niektórych mężczyzn, którzy nie umieją i nie chcą wybrać ze zwykłego tchórzostwa. Kochałem Beatę, ale wiedziałem też, że ją krzywdzę, ponieważ nie byłem w stanie wytrwać w stałym związku. Narkotyki opóźniają rozwój emocjonalny i kastrują empatię. Regeneracja tych sfer odbywa się dużo dłużej, niż trwa odstawianie narkotyków. Tak naprawdę ciągle chciałem zjeść ciastko i mieć ciastko. Byłem niedojrzałym gówniarzem.

Nasze rozstanie było burzliwe: awantury, ciskanie talerzami, moje rzeczy wywalone przez okno. Beata wystąpiła o rozwód, chyba nie do końca go chcąc. Pewnie liczyła, że o nią zawalczę. A ja zamiast zawalczyć, poddałem się fali wydarzeń jak bezwolne cielę. Zobaczyłem wtedy dobre strony rozstania. Zapachniała mi wolność, choć nie bardzo wiedziałem, co to oznacza. Mentalnie nadal byłem nieprzygotowanym do życia nastolatkiem.

Jestem wdzięczny Beacie, że przeszliśmy przez rozwód łagodnie. Rozstaliśmy się naprawdę w zgodzie. Tylko dwie sprawy rozwodowe w sądzie, a potem impreza rozwodowa, na którą przyjechali nasi wspólni znajomi. Żywię wielki szacunek do Beaty i mam o niej jak najlepsze zdanie. Mimo że nam się nie udało, to jednak ona była pierwszym ogniwem procesu zmian w moim życiu. Mimo że młodsza ode mnie, to ona wprowadziła mnie w dorosłość. To dzięki niej, jeszcze przed rozwodem, uzmysłowiłem sobie, że choć skończyłem aktywność narkotykową, teraz mam kolejny problem – z alkoholem. Podjąłem typową terapię alkoholową: spotykałem się z terapeutą na sesjach indywidualnych, potem na grupowych. Przez pół roku chodziłem na mitingi Anonimowych Alkoholików.

Jest jakaś różnica między alkoholikiem a narkomanem?

Żadna. Bo narkotykiem jest każda substancja pochodzenia chemicznego lub naturalnego, która służy do zmiany stanu świadomości. A to, czy dana substancja jest legalna, tak naprawdę konsumenta nie interesuje. Gimnazjalista w piątek po szkole nie zastanawia się: „Hmm, którą substancję dziś wziąć? Może dziś odurzę się legalną, a jutro nielegalną?". On ma to gdzieś. Bierze, co ma pod ręką. Bo liczy się odlot. A aspekt prawny to dylemat dla prawnika, a nie nastolatka, który poprawczak czy więzienie zna z lukrowanych amerykańskich filmów. Alkohol jest legalnym narkotykiem nieprawdopodobnie silnie uzależniającym. Mocno działa na powstawanie nowych nawyków, bo jest zaakceptowany społecznie i kulturowo.

Pragniemy się dobrze czuć, być zrelaksowanymi, ale podprogowo chcemy też postępować legalnie. Z tego powodu alkohol jest bardziej podstępny, ponieważ nie wywołuje dylematów moralnych, co bywa często hamulcem przed intoksykacją narkotykami.

Ja właściwie nie zakończyłem etapu uzależnienia od substancji odurzających, po prostu nadal trwałem w nałogu, tyle tylko, że zamieniłem substancje. Tak robi wielu moich pacjentów. Przychodzą do mnie i mówią: „Bo kiedyś byłem narkomanem, a teraz jestem alkoholikiem". To największa bzdura, jaką można sobie wyobrazić! Ty nadal jesteś człowiekiem, który lubi się nawalić! Obojętnie czym. Choćby szaloną pracą; co mnie również spotkało – wpadłem w pracoholizm pełną gębą.

Takie kompensowanie swoich deficytów przez substancje chemiczne lub zachowania ryzykowne to kompulsja. Szuka się różnych atrakcji życiowych, które często są niebezpieczne.

W tamtym czasie, nadal będąc uciekinierem od samego siebie, będąc już wolnym facetem, już teoretycznie bez zobowiązań rodzinnych, koncentrując się tylko na pracy zawodowej, wpakowałem się w jeszcze jedno uzależnienie – seksoholizm. To było nieprawdopodobnie uciążliwe dla mnie i kobiet, z którymi się spotykałem – kilka razy dziennie, w różnych okolicznościach. Jedna przychodziła, wychodziła, przychodziła następna. Katastrofa! To było szukanie ciągłej stymulacji, która miała zagłuszyć szum egzystencjalny w mojej głowie i przykryć bałagan życiowy.

I jak się z tego wyplątałeś?

Zająłem się swoją edukacją. Zaliczyłem roczne szkolenie na praktyka programowania neurolingwistycznego (NLP), warsztaty komunikacyjne, terapię własną w nurcie behawioralno-poznawczym i najważniejszy dla mnie w tamtym okresie – cykl szkoleniowy na specjalistę psychoterapii uzależnień, kończący się poważnym egzaminem państwowym. To były dwa, trzy lata lata nauki, warsztatów, treningów interpersonalnych, superwizji, czyli pracy z mentorami, pomagającymi radzić sobie z własnymi ograniczeniami w pracy terapeutycznej. Im bardziej doświadczałem, tym intensywniej rozwijałem się wewnętrznie. Wiedza z praktyką czynią cuda. Zaskoczyłem. Zassał mnie głód życia w harmonii. Powoli wygasiła się chora seksualność. Ważną rolę zaczęło grać sumienie i pragnienie, aby nie być przyczyną cierpienia innych. A tym większa była potrzeba czynienia dobra, im bardziej zaczynałem akceptować samego siebie.

Wtedy bardzo zbliżyłem się do ojca. Byłem trochę jak syn marnotrawny, który po latach nieobecności wrócił do domu. To był niezwykle ważny moment w moim życiu – budowanie relacji z moim ojcem na nowo. Ta relacja zawsze była trudna. Ojciec nerwus, ekspresyjny. Doświadczywszy drylu wojskowego w domu dziadka – przedwojennego oficera kontrwywiadu – stał się oschły w relacjach, powściągliwy w okazywaniu uczuć. Ja byłem zbuntowany, miałem swoje widzenie rzeczywistości, wkurzało mnie, że bez przerwy jest ze mnie niezadowolony. Między nami dochodziło do ciągłych konfliktów. Miałem do ojca głęboki żal, bo kiedy przeszedłem własną terapię, zakończyłem pewne cykle rozwoju osobistego, zrozumiałem, że jego brak był czynnikiem kluczowym, który spowodował, że władowałem się w narkotyki. Jego nieobecność w domu, jego problemy w relacjach z moją matką, szukanie szczęścia w ramionach innych kobiet, brak akceptacji dla mojego sportu, nieokazywanie uczuć. I chociaż znalazł mi ośrodek, wspierał w wychodzeniu z nałogu, to cały czas podskórnie czułem do niego złość i żal. A jednocześnie bardzo kochałem.

Psychoterapia tego nie załatwiła?

Nie jest tak, że to sobie uświadomisz i nagle wszystko zniknie. Bo emocje zostają. Każda terapia jest tylko drogowskazem. Domykasz pewne rzeczy, gdy emocje opadną. Ale nie w gabinecie, tylko w relacji.

Kiedyś w czasie jazdy samochodem doszło między nami do spięcia. Nie pamiętam, co powiedział ojciec, ale pewnie jak zawsze przypieprzał się o cokolwiek. Zagotowałem się i wykrzyczałem parę bolesnych rzeczy. Potrafiłem to zrobić tylko dzięki przebytej terapii. Wcześniej nie miałbym odwagi, ale też nie widziałbym w tym sensu, bo po co miałbym się znowu kłócić z moim upierdliwym starym. Wyskoczyłem z samochodu na środku skrzyżowania. Żeby się uspokoić, wracałem do domu na piechotę, wyrzucając z siebie bluzg za bluzgiem. I, nomen omen, przechodziłem przez Rozdroże. Stanąłem w tym miejscu, tak jak kilka lat wcześniej, pomyślałem:

„Pokonałeś heroinę, pokonałeś swoje demony i nadal ciągniesz robala – nierozwiązany wkurw na ojca. Przecież kochasz tego strasznego dziada, więc musisz coś z tym zrobić!". Dotarło do mnie to, co powiedział mi kiedyś mój nauczyciel – że stare drzewa się nie zmieniają, one tylko usychają. A ja widziałem u ojca upływ czasu. Był coraz bardziej chory, czułem, że niedługo odejdzie. Zrozumiałem, że to ostatnia szansa na pojednanie. Pojechałem wtedy do niego. Wiedziałem, co mam zrobić, żeby go otworzyć, żeby zechciał ze mną rozmawiać. Powiedziałem mu: „Tato, chciałem ci powiedzieć coś bardzo ważnego". Pierwszy raz w życiu użyłem słowa „tato". To słowo stało się kluczem. Poczułem, jakby ktoś otworzył bramy nieba, jakby dotknął mnie czarodziejską różdżką, pod wpływem której zaczęły znikać wszystkie nagromadzone we mnie skamieniałe ekskrementy. Ojciec zdębiał. Podszedłem do niego: „Chcę, żebyś wiedział, że bardzo cię kocham. I bardzo proszę, abyś wybaczył mi całe zło, jakie ci wyrządziłem. I wybaczam wszystkie krzywdy, jakich od ciebie doznałem". Ojcu opadła szczęka. Dosłownie. Przyciągnąłem go do siebie zesztywniałego, i będąc wyższym o głowę, pocałowałem w czoło. Po raz pierwszy w życiu zobaczyłem, jak ojcu popłynęły łzy. Przytulił mnie mocno. I chociaż nic nie powiedział, ja już wiedziałem wszystko.

Nigdy później już do tej rozmowy nie wracaliśmy. Ale od tej pory zaczął mnie traktować inaczej, nasze relacje się zmieniły. Dzięki temu katharsis, które dane mi było przeżyć, kiedy w 2005 roku ojciec długi czas leżał w szpitalu, jeździłem do niego, opiekowałem się nim. Byłem przy jego śmierci. Towarzyszyłem mu do ostatniej chwili. Wiem jedno – załatwiłem wszystko, co mogłem z moim ojcem załatwić. Udało mi się zdążyć przed jego śmiercią. Naprawdę mu wybaczyłem.

Co ci to dało? Poczułeś ulgę?

Wybaczenie sprawia, że pozbywasz się źródła napięcia. Jeśli ktoś ma w sobie poczucie niesprawiedliwości i nosi w sobie pierwiastek zemsty, sam staje się jej ofiarą. Tak było z moim ojcem. Nigdy nie wchodziłem w relacje taty z moim dziadkiem, nie interesowały mnie. Co się z nim działo, dlaczego nie umiał okazywać uczuć, zrozumiałem dopiero po jego śmierci, podczas spotkania z jego siostrą. Okazało się, że mój dziadek – bohater wojenny bitwy warszawskiej w 1920 roku, który uciekł z transportu do Ostaszkowa, który działał w AK – po prostu mojego ojca bił. Mój tata był ofiarą przemocy. A ja byłem kolejnym ogniwem. I tak dziękować Bogu, że nigdy nie podniósł na mnie ręki. Jak to z pokolenia na pokolenie ten skrypt rodzinny przechodzi…

Dostrzegłeś ten skrypt u siebie?

Bardzo często zbyt emocjonalnie reagowałem na pewne nieprawidłowości związane z zachowaniem mojego syna i potrafiłem się na niego wydzierać. Pamiętam, że kiedyś wrzeszczałem na niego jak furiat, ponieważ ośmielił się zrobić coś wbrew moim oczekiwaniom. Pan i władca był niezadowolony! Stałem przy oszklonych drzwiach i kątem oka zobaczyłem w nich swoje odbicie. Przeraziłem się, bo ujrzałem tam swojego ojca – z identyczną gestykulacją, z identyczną gębą. Dotarło do mnie, że jestem kontynuatorem pieprzonego skryptu rodzinnego. To było oczyszczające, ponieważ uświadomiło mi, że powtarzam błędy ojca. Miało wpływ na mój dalszy rozwój osobisty i terapeutyczny. Bo nie mógłbym pracować jako terapeuta, jako człowiek pomagający innym, gdybym nie dokonał tej przemiany w relacji z własnym ojcem. Terapia własna w moim zawodzie to podstawa. Wiedzę książkową trzeba najpierw wdrożyć w swoje życie, a dopiero potem przekazywać innym.

Ale wróćmy do historii, którą chciałem ci opowiedzieć. Zacząłem prowadzić uczciwe, normalne, spokojne życie, będąc coraz bardziej spełnionym. Wtedy zacząłem wracać do sportu. Już było tak uroczo, tak fajnie. Poznałem Joannę – moją obecną żonę, anioła mojego życia – w której zakochałem się po uszy.

Wszystko mi się układało w pracy. Byłem coraz bardziej doceniany. Uczyłem się rzeczy już nie nudnych jak na studiach, tylko związanych z moją profesją, czyli psychoterapii. I nagle zacząłem chudnąć i kiepsko się czuć. Mój ojciec zaczął mi zwracać uwagę: „Coś ty taki nerwowy?! A co ci się stało z oczami? Masz jakieś wyłupiaste". Chociaż wcześniej powiedziałem, że zbliżyliśmy się do siebie, to jednak nasza relacja nadal była trudna. Ojciec mnie ciągle pouczał, strofował. Według niego nie byłem doskonały w tym, co robię. Jego nadopiekuńczość i brak zaufania paraliżowały mnie i jednocześnie wkurzały. Rzeczywiście, byłem nerwowy, nadpobudliwy, moje oczy się zmieniły, ale wypierałem to, ponieważ nie chciałem przyznać, że ojciec ma rację. Jednak kiedy pojawiło się kołatanie serca, ciągłe zmęczenie, kiedy moja waga cały czas szła w dół, w końcu poszedłem do lekarza. Okazało się, że mam chorobę Gravesa-Basedova. Dostałem lek na nadczynność tarczycy – metizol – który łykałem w gigantycznych ilościach.

Niestety czułem się coraz gorzej. Słabłem i chudłem w oczach. Do tego doszło silne rozchwianie emocjonalne. Zmotywowało mnie to do wizyty u innego lekarza. Dostałem skierowanie na oddział endokrynologiczny w szpitalu na Banacha. Tam jodem promieniotwórczym usunięto mi tarczycę, a przy okazji licznych badań dowiedziałem się, że mam problemy z wątrobą – wirusowe zapalenie typu B i C. Oba wirusy w pakiecie! Miałem cholernego farta, że wcześniej nie doprowadziłem wątroby do stanu marskości, bo okazało się, że oprócz spustoszenia, jakie robiły wirusy żółtaczki, dodatkowo rozwalał ją metizol, który przyjmowałem w nadmiernej ilości przez nierozważne zalecenia poprzedniego lekarza. To był dla mnie szok!

Kiedy w 1981 roku po raz pierwszy wylądowałem w szpitalu z żółtaczką, w nomenklaturze medycznej istniało tylko określenie żółtaczka pokarmowa i tzw. toksyczne podrażnienie wątroby. Wirus C jeszcze nie został wykryty. Chodziłem z nim przez 20 lat! Na bank. Bo kiedy odstawiłem heroinę, nigdy więcej nie miałem kontaktu z igłą – również w gabinecie lekarskim.

Z internetu dowiedziałem się, że już nie powinienem żyć. Przestraszyłem się, że to koniec. Nie byłem w stanie pracować. Na dwa tygodnie zamknąłem się w domu. Zacząłem się żegnać ze światem. Powiadomiłem o chorobie syna. Spisałem testament. W głowie miałem tylko jedno pytanie: „Dlaczego?!". „Przecież tyle ze sobą zrobiłem, załatwiłem tyle zaległości! Uporządkowałem wszystkie relacje, w tym również z ojcem. A ty, pieprzony losie, zamiast nagrody, dywanów pod nogi, serwujesz mi wyrok śmierci?! Nie widzisz, kurwa, że to niesprawiedliwe?!".

Pomyślałem, że skoro mój czas się kończy, że za chwilę umrę, skoro świat jest taki niesprawiedliwy, to ja po prostu mam ten świat i jego zasady w dupie. Będę chlał, ćpał i bzykał, co popadnie. Ale to był tylko moment, gdy do głosu doszły demony przeszłości. Bo ja naprawdę się rozsmakowałem w trzeźwości, uczciwości. Naprawdę pokochałem życie. Postanowiłem o siebie zawalczyć. Poczułem się jak olimpijczyk, który ma wziąć udział w najważniejszych igrzyskach swojego życia. Zapisałem się na leczenie interferonem, zacząłem regularnie wykonywać próby wątrobowe. Wszedłem w proces leczenia standardowego, jednocześnie wzmacniając farmakoterapię siłą woli i ducha. Postanowiłem wszystkie zwoje mojego mózgu zapędzić do roboty. To – po wyjściu z narkotyków – był drugi kluczowy moment w moim życiu, jeśli chodzi o odnalezienie siebie w chorobie. Postanowiłem odnaleźć siebie w cierpieniu. W cierpieniu, bo leczenie interferonem i rybawiryną jest cholernie trudne dla leczonego. To bardzo inwazyjna chemioterapia, niszcząca wirusy, ale też rujnująca psychikę i ciało.

Bardzo dużo ludzi nie poradziło sobie z tą chorobą.

Momentem kluczowym jest podjęcie decyzji, jak będę postępować ze sobą przed leczeniem, w trakcie i po nim. Na kwalifikację do leczenia interferonem czeka się kilka lat. Ja wykorzystałem ten czas, żeby do tej kuracji jak najlepiej się przygotować. Dużo na ten temat czytałem, korzystałem ze źródeł na całym świecie. Dowiedziałem się, że samo przyjmowanie leku może nie wystarczyć. Każda metoda bazująca na chemii jest tym skuteczniejsza, im bardziej świadomie się do leczenia podejdzie. Jest sporo technik psychologicznych, które mogą poprawić skuteczność potencjału farmakoterapeutycznego. Nazywa się to adherencją, czyli przyleganiem pacjenta do terapii. Biochemia mózgu może wspomóc lub osłabić skuteczność każdego leku. Tak jest też z chemioterapią. W przypadku zapalenia wirusowego wątroby typu C i B leczenie ma nieprawdopodobnie dużo skutków ubocznych. Na kuracjusza czyha sporo niebezpieczeństw, m.in. wypadnięcie zębów, wypadnięcie włosów, egzema skórna, depresja (łącznie z myślami samobójczymi), zaburzenia świadomości. Kiedy człowiek dowie się o tym przed kuracją, to już na dzień dobry opadają mu ręce.

Pamiętam jak dziś, był 2003 rok, wróciliśmy z synem z Egiptu. Weszliśmy do sklepu, bo w domu była pusta lodówka. Wsadziłem rękę do kieszeni po portfel i już nie byłem w stanie jej wyjąć. Skurcz sparaliżował mi całą dłoń. Był tak silny, że zawyłem z bólu. Wtedy jeszcze nie miałem pojęcia, o co chodzi; dopiero później dowiedziałem się, że zaczęły się skurcze reumatyczne. Silne bóle w stawach palców, dłoniach, łokciach, ramionach, jak również permanentne zmęczenie, ospałość, brak sił witalnych miewałem dużo wcześniej, ale do głowy mi nie przyszło, aby zbadać się na jakiegoś cholernego wirusa. Do tej pory jedynym widocznym objawem mojej przypadłości zwanej HCV i HBV była chora tarczyca i wyłupiastość oczu, teraz okazało się, że jest nim również reumatyzm. Paskudztwo HCV polega na tym, że jest on bezobjawowy przez kilka lub kilkanaście lat. Niestety ten proces, u niektórych kilkunastoletni, u niektóry ciut krótszy, zawsze dotyczy kwestii, ile wytrzyma wątroba, zanim zacznie włóknieć, czyli zanim pojawi się nieodwracalna faza marskości. Chora wątroba nie filtruje toksyn, ich stężenie wzrasta i atakują cały organizm. Człowiek jest coraz bardziej zatruty, aż w końcu widać to gołym okiem – po prostu robi się żółty. A wtedy często jest już za późno.

Powiem szczerze – nie wiem, co mi uratowało tyłek. Może to, że kiedyś byłem sportowcem, że mój organizm był naprawdę wyjątkowo odporny? Mnie się udało w miarę bezpiecznie przejść ten okres. Chociaż miałem zadyszkę, trudniej wykonywało mi się prace fizyczne – nie poddawałem się. Pamiętam, jak już wszedłem w leczenie kuracją skojarzoną HCV interferonem i rybawiryną. Zakwalifikowałem się na nią w szpitalu przy Wolskiej w Warszawie. Musiałem raz w tygodniu jeździć po leki, żeby w domu robić sobie zastrzyki w udo. Pierwsze zastrzyki kompletnie mnie rozwalały psychicznie. Bo mój mózg zakodował, że skoro jest strzykawka, płyn, moja ręka, wbicie igły w ciało, to teraz czekamy na kopa. Na falę rozkoszy... Która nie nadchodzi. I następowało wkurzenie. Przy każdej iniekcji miałem duży problem. Ale nawet uśmiechałem się pod nosem, bo dokładnie wiedziałem, jak ten mechanizm działa.

Przygotowywałem się do tej kuracji. Chciałem z niej maksymalnie dużo wycisnąć, ponieważ zbyt kochałem życie, aby się z nim rozstać.

Zacząłeś stosować jakąś dietę?

Tak, ale zaniechałem jej, ponieważ przy wirusowym zapaleniu wątroby nie ma potrzeby stosowania diety wątrobowej. Po prostu zacząłem się racjonalnie odżywiać. Przestałem używać masła, jadłem lekkie pieczywo, dużo warzyw, piłem soki owocowe. Przestałem pić kawę, czarną herbatę. Przerzuciłem się na zieloną. Zacząłem się też wzmacniać ziołami, w myśl zasady: jak nie pomoże, to nie zaszkodzi. Jednak największy wysiłek włożyłem w pracę nad samym sobą. I to ona, być może, była najskuteczniejsza. Zacząłem regularnie jeść posiłki, regularnie chodzić spać, żyć jak człowiek pierwotny – zgodnie z rytmem dnia i nocy. Była to bardzo skomplikowana droga, ale – o dziwo – przyjemna. I tak, jak wiele zawdzięczam mojemu upadkowi narkotykowemu, tak wiele zawdzięczam też tej chorobie, która mi przypomniała, że czujność i uważność są potrzebne do końca życia. Ona mnie zmotywowała do utrwalania w sobie wszystkich pozytywnych zmian.

Przyjeżdżałem po leki na Wolską i ustawiałem się w kolejce z innymi chorymi, będącymi na różnym etapie tej choroby. Czułem się, jakbym odbierał leki w prosektorium, bo właściwie w większości ci ludzie mogliby się już ubrać w garnitur do trumny. Niestety, największym problemem jest to, że człowiek poddaje się chorobie, nie wierząc, że z niej wyjdzie. Tymczasem wiara czyni cuda. I nie trzeba być osobą wierzącą. Wiara czyni cuda również w wypadku ateisty, jeśli tylko uwierzy w powodzenie tego, co chce zrealizować.

Jednym ze skutków ubocznych leczenia HCV mogą być objawy przypominające chorobę afektywną dwubiegunową. Głównie może to być w różnych okresach mania lub depresja. W moim wypadku ewidentnie była to nadaktywność. Miałem bardzo dużo pomysłów, co chwilami przypominało manię. Nierzadko podejmowałem aktywności, które inni uważali za bezsensowne, np. w trakcie chemioterapii pojechałem na narty do Szczyrku. Ale ja postanowiłem, że w czasie kuracji nie będę chorować, lecz żyć.

A wymioty towarzyszące chemii?

Nie pojawiły się. Włosy też mi nie wypadły. Wiele objawów, opisywanych na ulotkach i w książkach na temat leczenia HCV, w moim przypadku się nie pojawiło. Ludzie patrzyli na mnie jak na wariata. Sam byłem zdziwiony. Ale szczęśliwy. Powtórzę – ja się do tej kuracji przygotowywałem jak na olimpiadę. Biegałem, dobrze się odżywiałem, prowadziłem higieniczny tryb życia, oczyściłem ciało z toksyn.

Po odbiór leków w szpitalu czekało się kilka godzin w kolejce. Zacząłem z towarzyszami niedoli rozmawiać, opowiadać dowcipy, uaktywniać ich na płaszczyźnie interpersonalnej, towarzyskiej. Z wycofanych zaczęli się stawać aktywniejszymi w naszej małej społeczności chorych na śmiertelną chorobę. Kilka osób zapytało, kiedy znowu przyjdę po leki, bo chcieliby się ze mną spotkać. I doszło do tego, że stworzyliśmy w tej poczekali grupę wsparcia. Siedzieliśmy, śmialiśmy się. Pokazywałem swoim zachowaniem, że można tę chorobę pokonać, bez względu na statystyki, które budujące nie są. Dotarło do mnie, że nie długość życia jest najważniejsza, lecz jego jakość. Wówczas, wiedząc, jakie mogą być skutki uboczne chemioterapii, poprosiłem mojego przyjaciela psychiatrę, żeby przepisał mi dobry antydepresant, który zacznę brać, gdy poczuję, że łapię doła. Lek stał na półce przez całe pół roku. I nigdy go nie wziąłem. Bo człowiek, który jest czysty: nie bierze narkotyków, nie intoksykuje się czymkolwiek, ma większy wgląd w siebie, jest mu łatwiej odczytywać sygnały z ciała, łagodniej przechodzić kryzysy.

Przyszedł moment, kiedy po kuracji interferonem miałem odebrać wynik badania. Pamiętam, jak ze strachu trzęsły mi się ręce. Bo tak naprawdę czekałem na wyrok – będę żyć czy nie. Pielęgniarka wręczyła mi kartkę z wynikiem badań. Bez słowa. Kiedyś na jednym ze szkoleń pewien lekarz powiedział, że w takich sytuacjach bardzo duże znaczenie ma prędkość procesora komputera. Bo bardzo często lekarze szukają wyników w komputerze, a pacjent siedzi przy ich biurku i czeka. A komputer miele, miele... Otwiera się Windows, otwierają się aplikacje...

A pacjent schodzi na zawał!

A pacjent schodzi na zawał! Ja tak czekałem półtorej godziny. A gdy dostałem wynik, to zwinąłem papier w rulon, bo nie wiedziałem, co mam z nim zrobić. Wiesz, czego się bałem? Że niewłaściwie go odczytam. Więc stojąc w tej poczekalni, zwróciłem się do pielęgniarki: „Przepraszam, mam prośbę. Czy może mnie pani umówić z lekarzem?". Zdziwiona odburknęła: „A po co? Przecież otrzymał pan wynik!". „Ale chciałbym się spotkać z lekarzem, żeby mi ten wynik zinterpretował". Popatrzyła na mnie jak na wariata. I czekałem kolejną godzinę. Położyłem przed lekarzem pognieciony papier. Spytał, w jakiej sprawie przyszedłem. A kiedy stwierdził, że wszystko jest w porządku, rozpłakałem się i powiedziałem: „Dziękuję, panie doktorze. Jestem wam bardzo wdzięczny". On spojrzał na mnie: „Niech pan nam nie dziękuje. Bo my daliśmy panu wędkę, ale to pan wiedział, co z nią zrobić".

# 13 Strata, czyli zysk

Czekając na naszą dzisiejszą rozmowę, zobaczyłam młodego mężczyznę wychodzącego z twojego gabinetu. Pomyślałam sobie, poczułam, że to fajny chłopak.

Cieszę się, że o nim wspominasz. Jest uzależniony od kokainy, ale od dwóch miesięcy nie bierze. Do trzeźwości ma jeszcze daleko, ale dzisiaj stoczył nieprawdopodobną walkę. Przyszedł spocony, wycieńczony, bo praktycznie przez pół nocy szukał towaru. Bo odblokował się na zaćpanie. Stwierdził, że skoro już dwa miesiące jest czysty, skoro wykonał taką ciężką pracę, to przecież zasłużył na nagrodę, i jak raz sobie puknie, to nic złego się nie stanie. Tylko raz! No i krążył po mieście, żeby zdobyć towar. Pojechał nawet do swojej pracy, gdzie trzymał karteczkę z telefonem do jakiegoś gościa, który miał kontakt z narkotykami i dilerami. Na szczęście karteczki nie znalazł. Sprawdziło się więc to, o czym rozmawialiśmy na paru pierwszych sesjach

– jeżeli, drogi człowieku, przystępujesz do nowego rozdania i chcesz pokonać to monstrum, które przynosisz w sobie do gabinetu, to podstawą jest wykasowanie wszystkich numerów telefonów, zmiana swojego numeru, zniszczenie karty SIM i wywalenie jej do śmietnika. Jest to niezwykle trudne. Niektórym nie udaje się wyeliminować wszystkich kontaktów, ale właśnie to może w bardzo prosty sposób zakończyć wstępny proces trzeźwienia. Ja nawet radzę swoim pacjentom, żeby bardzo poważnie zastanowili się nad zniszczeniem, dokonaniem rytualnego wyrzucenia na śmietnik ulubionych ubrań, w których ćpali. Bo to są wszystko tzw. kotwice, punkty zaczepienia, wyzwalacze zewnętrzne, o których wcześniej wspominałem.

Ale to, co dla jednego jest wyzwalaczem, dla innego nie musi być. Pijesz teraz herbatę. W cukiernicy jest cukier w kostkach...

W kształcie karo i kier. Więc komuś uzależnionemu od hazardu tego cukru nie mógłbyś podać.

Bardzo trafne spostrzeżenie. Ale ten cukier jest odpowiedni dla kokainisty albo dla gościa uzależnionego od amfetaminy.

Odpowiedni? Dlaczego?

Bo osoby uzależnione od białych substancji, które się wciąga lub podaje iniekcyjnie, nie powinny mieć do czynienia z sypkimi substancjami, takimi jak mąka, sól, cukier. Niebezpieczeństwo czyha na każdym kroku. To może być każdy przedmiot, cokolwiek, co wyzwoli proces myślenia.

Wróćmy do chłopaka, o którym zaczęliśmy mówić. Tej nocy wykonał nieprawdopodobną robotę, bo naprawdę znam niewielu pacjentów, którym już po wyruszeniu na szlak udaje się nie złamać trzeźwości, tak misternie i w znoju budowanej przez tych parę miesięcy.

Nie rozumiem: dlaczego przez pół nocy szukał towaru, skoro narkotyki sprzedają na każdym rogu – w klubach, przed szkołami?

To prawda, ale media ten proceder trochę mitologizują. W tym środowisku istnieje mechanizm tzw. rekomendacji – ktoś cię musi wprowadzić, polecić. Handlujący narkotykami to sprytni ludzie, wiedzą o prowokacjach policji. Obcemu towaru nie sprzedadzą. Mają tylko pewnych, sprawdzonych klientów, więc nie muszą sprzedawać pierwszemu lepszemu napaleńcowi.

Tak więc mój pacjent, za moją namową, skasował wszystkie kontakty właśnie po to, żeby utrudnić sobie spotkanie z potencjalnymi dostawcami towaru czy ludźmi, którzy z niego korzystają. Bo w chwili słabości może to mieć kluczowe znaczenie dla przerwania leczenia. Dostosował się do wszystkich zasad, których się nauczył. Wprowadził program 24-godzinny, polegający na tym, że nie mówisz sobie, że już nigdy więcej nie weźmiesz, nie mówisz sobie, że już do końca życia będziesz abstynentem. Bo jeżeli ktoś mówi sobie, że już nigdy więcej w życiu nie weźmie, to kiedy może się cieszyć z osiągnięcia tego celu? Nigdy!

Pod koniec lat dziewięćdziesiątych byłem na międzynarodowej konferencji poświęconej uzależnieniom. Paradoksem było, że podczas przerwy trzy czwarte uczestników szło na papierosa. Miałem wtedy za sobą pół roku abstynencji nikotynowej. To był mój ogromny sukces, bo mocowałem się z odrzuceniem papierosów okrutnie. Rzucałem je kilkanaście razy. Proces ten był trudniejszy niż odstawienie heroiny (którą odstawiłem praktycznie z dnia na dzień, co prawda dzięki szpitalowi i potem ośrodkowi, ale więcej po nią nie sięgnąłem), dlatego że nikotyna, chociaż z biochemicznego punktu uzależnia nie słabiej niż heroina, nadal ma akceptację społeczną. Papierosy są dostępne na każdym kroku, a wtedy jeszcze nie było zakazu ich reklamy w mediach.

W trakcie przerwy większość udała się na papierosa. Niepalących można było policzyć na palcach jednej ręki. Wśród nich był Laszlo, którego poznałem w Warszawie. Podszedłem do niego: „Widzę, że ty też nie palisz". I dumny dodałem: „Bo ja już nie palę pół roku!". Spojrzał na mnie, powiedział: „Ja nie palę dzisiaj". Przypomniałem sobie, jak skręca człowieka w tych pierwszych dniach: „To ty dopiero dzisiaj rzuciłeś! To bardzo ci współczuję i bardzo mocno wspieram!". A on na to: „Robert, źle mnie zrozumiałeś. Ja nie palę dzisiaj już 12 lat". I wtedy do mnie dotarło, jak fenomenalną rzeczą jest program 24-godzinny, który nie wytycza mi celu, którego nie jestem w stanie osiągnąć. Bo siłą napędową dla człowieka jest stawianie sobie celów realnych: krótkoterminowych, średnioterminowych i długoterminowych. Postawienie sobie celu, choćby drobnego, ale realnego, programuje nasz mózg do działania. Osiągnięcie takiego celu daje przyjemność, frajdę. Wyrabia się nawyk. Dobry nawyk – jeśli ten cel jest np. związany z regularnym bieganiem czy chodzeniem po górach. Osiąganie szczytów w górach jest przyjemne, ale ważniejsza jest droga, którą wspinając się, pokonujemy. A kiedy jesteśmy na szczycie, możemy się cieszyć, że jesteśmy zdobywcą, zwycięzcą, spełnionym człowiekiem sukcesu... i natychmiast rozglądać się za nowymi celami. Szukanie, wytyczanie możliwych do osiągnięcia celów powinno być podstawową czynnością każdego człowieka, a trzeźwiejącego szczególnie.

Znowu wrócę do mojego pacjenta. Nazwijmy go Adam. Jego noc ma duże znaczenie również w kontekście naszych rozważań, ponieważ wykorzystał wszystkie narzędzia, czyli pewne procedury bezpieczeństwa, służące do radzenia sobie w takich chwilach, i ostatecznie nie załatwił sobie towaru. Wrócił do domu i przez resztę nocy „pałował się" – obwiniał za zmarnowane lata, za to, że aby spłacić długi narkotykowe, sprzedał mieszkanie, stracił rodzinę, że praktycznie rozsypała mu się firma.

Wyobraźmy sobie, że mężczyzna spotyka piękną kobietę, zakochuje się w niej, mają nieprawdopodobny seks, ale po jakimś czasie okazuje się, że poza tym seksem nic nie ma. Że partnerka jest pusta i że tak naprawdę jest z nim tylko i wyłącznie dla pieniędzy. Pojawia się kac moralny i rozczarowanie. Tak samo jest w przypadku większości narkomanów. Przychodzi konsternacja: „O, w mordę! Ale się wpieprzyłem!”.

Widząc Adama, od razu pomyślałam: wrażliwy chłopak.

Niezwykle. Poruszyłaś ważny wątek. Właśnie na dzisiejszej sesji omawiałem kwestię wrażliwości, nadwrażliwości, pewnej formy neurotyzmu. Nie ma takich samych narkomanów. Różne są przyczyny ćpania. Najbardziej przechlapane mają nadwrażliwcy, neurotycy – ci, którzy więcej czują, więcej myślą, więcej widzą. To są kandydaci do zaćpania się na śmierć. To ludzie, którzy gdy już wejdą w ćpanie, naprawdę mają duży kłopot, żeby z niego wyjść.

Ja wyniosłem z domu zasady, kult książki, dumę z tradycji rodzinnej (bo o dziadku mówiło się tylko jak o bohaterze) i nagle wylądowałem w świecie prostytutek, alfonsów, dilerów i głodu narkotykowego, który nie pozwalał mi z tego świata wyjść. Bo ten świat zjada cię od środka, rozwala do cna. I im większa jest twoja wrażliwość, tym większa chęć, żeby się jak najbardziej nawalić. Dlatego że twoje wartości, twój fundament, daje ci siłę w normalnym świecie, a w świecie narkomanów jest śmiercionośny. Bo masz skrupuły, dopadają cię wątpliwości. Więc się wewnętrznie bronisz; co jeszcze bardziej cię rozwala i każe więcej ćpać.

Czyli prędzej z nałogu narkotykowego wyjdzie ktoś bezrefleksyjny?

Oczywiście. W latach osiemdziesiątych, kiedy jeszcze nie brałem heroiny, odwiedzałem klub jazzowy Akwarium. Pojawiał się w nim Jonasz Kofta. Był już wtedy alkoholikiem, można powiedzieć – kasacyjnym. Czasami zdarzało się, że siedziałem przy sąsiednim stoliku. Kiedyś, pijany w sztok, zostawił swoje zapiski. Na jednej z serwetek napisał tekst, który pamiętam do dziś: „Raz półgłówka uwierał podgłówek, całą noc doskwierał mu ból, lecz na zdrowiu ucierpiał w połowie, bo główki miał tylko pół. Morał: doznajemy przykrości proporcjonalnie do świadomości".

Dużo łatwiej się nam funkcjonuje, kiedy mamy regulamin, jasne, czytelne zasady. Kiedy narkoman spędza w ośrodku pół roku, rok czy dwa lata, żyje w myśl określonych zasad. Niestety, często powoduje to atrofię, czyli zanik potrzeby narzucania sobie pewnych reguł. Dlatego osoby, które wyszły z ośrodka, mają duży kłopot z funkcjonowaniem. Dużo łatwiej jest wyjść na prostą komuś, kto ma rys charakterologiczny prostego, siekierą ciosanego chłopa, dlatego że on nie kombinuje. Książka *Trzeźwość* to cieniutki, kilkukartkowy zeszycik. Krótki regulamin. Taki prosty człowiek słucha, co mu każą zrobić, i nie wchodzi w niuanse. Natomiast ci refleksyjni, którzy mają tendencję do drążenia, analizowania, zastanawiają się: „A dlaczego? Przecież to, co jest dla tego tępego Jasia, nie może być skuteczne również dla mnie". I zaczynają szukać własnej drogi. A ja na to mówię: „Chłopie, nie kombinuj, tylko wykonuj! Jesteś na tym etapie, że masz się dostosować!". Więc czasami łatwiej jest wyjść z uzależnienia, jeżeli człowiek na chwilę wyłączy myślenie. Dostosuje się. Zaufa. Zaufa choćby grupie terapeutycznej, która naprawdę jest mistrzowskim narzędziem w wychodzeniu z problemów. Czynnikiem niezbędnym, aby próbować wyjść z nałogu jest choćby cień nadziei, że jest to możliwe. W grupie mamy innych uczestników terapii, którzy mają już jakąś drogę za sobą, często dłuższą od naszej. To daje impuls, by wytrwać tym, którzy snują się jeszcze gdzieś na początku procesu zmiany. Dlatego takim powodzeniem cieszą się terapeuci z przeszłością problemową, którzy już na spotkaniu twarzą w twarz, dwuosobowo, tworzą grupę terapeutyczną. I podobnie jest z wchodzeniem w nałóg. Ci refleksyjni, analizujący, wnikający w szczegóły, ci wrażliwcy mają dużo większy potencjał do uzależnienia się niż ci, którym tak naprawdę narkotyki nic nie załatwiają. Ci drudzy często poprzestają na eksperymentowaniu (bo taka jest presja grupy, taki kontekst), ale nie przechodzi to w uzależnienie, bo przy niskim poziomie świadomości dużo mniejszy jest ból egzystencjalny. Tylko żeby nie popełnić błędu – to nie znaczy, że każdy tępak się nie uzależni, a każdy wrażliwiec będzie narkomanem.

Dlaczego bardzo trudno jest wyjść z narkotyków i w ogóle z substancji uzależniających kobietom? Bo ich fizjologia jest dużo bardziej skomplikowana niż fizjologia mężczyzn. Narkotyki zaburzają metabolizm, tym samym powodując zaburzenia na poziomie somatyki. Kobiety alkoholiczki czy narkomanki rozwalają sobie kompletnie gospodarkę hormonalną, więc dużo trudniej jest im później wrócić do równowagi – to dłużej trwa i trudniej się nad tym pracuje.

A jak będzie wychodzić z nałogu osoba, która jest typem twardziela?

Ten typ przypomina rycerza. Z nim często mam do czynienia. To ludzie, którzy są gladiatorami korporacyjnymi czy mocarzami w swojej firmie. W pracy zakładają zbroję, ale nie daj Boże, jeśli noszą ją również w domu. Wtedy członków rodziny traktują jak podwładnych, którym wydają polecenia. Tacy faceci (bo problem ten dotyczy raczej mężczyzn) są non stop nabuzowani. Twardziele są na prostej drodze do uzależnienia, ponieważ jedyny sposób na ekspresowe rozluźnienie odnajdują w jakimś zachowaniu destrukcyjnym. To może być narkotyk, to może być hazard czy wizyty w burdelu.

Mam pacjentkę – żonę jednego z bardzo bogatych biznesmenów – która przychodzi do mnie dlatego, że jej mąż jest alkoholikiem i hazardzistą. To małżeństwo, mieszkające w sześćsetmetrowej willi z basenem, z garażami na cztery samochody, od ośmiu miesięcy ze sobą nie rozmawia. Z tego, co opowiadała na temat męża, można przypuszczać, że prawdopodobnie nie będzie chciał się przyznać do swoich błędów. A przyznanie się do swojej słabości, uświadomienie sobie własnej bezsilności wobec substancji czy zachowania jest niezbędne do rozpoczęcia leczenia. To jest pierwszy krok w AA – poddanie się. Ten mężczyzna tego nie zrobi, ponieważ od swojego ojca cały czas słyszał, że nic z niego nie będzie, że jest debilem, więc właściwie całe swoje dorosłe życie poświęcił na udowadnianie, że nim nie jest. I chociaż przez swoje uzależnienie coraz bardziej traci majątek, jest on tak ogromny (zabezpieczonych jest kilka pokoleń), że trudno o straty. A tylko strata jest czynnikiem motywującym do leczenia. Narkoman nigdy nie przestaje brać narkotyków dlatego, że sam dojdzie do takiego wniosku. Ludzie uzależnieni przestają brać nie dlatego, że mają dosyć narkotyku, lecz dlatego, że szala ze stratami musi przeważyć tę z korzyściami, jakie narkotyk daje. Bo taki jest warunek. Czyli trzeba mieć dosyć syfu, jakiego się narobiło w swoim życiu. To główna rzecz motywująca ludzi do zmian. Dlatego – to wskazówka dla wszystkich bliskich – chronienie uzależnionego, płacenie długów, ciągłe wspieranie na pewnym etapie tak naprawdę może się przyczyniać do utrwalania nałogu. Musi nastąpić przełom, kiedy osoba uzależniona stwierdzi: „Już nie chcę żyć w tym oszustwie, zakłamaniu. Mam dość cierpienia fizycznego i psychicznego". Warto w tym momencie dodać, że narkoman zawsze najpierw umiera społecznie, nigdy – fizycznie. Pierwszym sygnałem jest informacja zwrotna. Im więcej osób powie: „Stary, jesteś ćpunem. Jesteś alkoholikiem. Lecz się!", tym lepiej dla sprawy. Musi zaboleć. Z tego powodu krycie tego człowieka przed otoczeniem (co często robią bliscy) jest utrwalaniem jego nałogu.

Ale boli też rodzinę. Trudno się przyznać, że nasze dziecko bierze.

Trudno. Pamiętam przypadek dwudziestoczteroletniego chłopaka z powodu dylematu, jaki miał jego ojciec. Chłopak tak przeżył śmierć matki, że zaczął brać najcięższe narkotyki: heroinę, kokainę, mefedron (nie rozmywajmy powagi sytuacji, nazywając mefedron dopalaczem, bo to jest bardzo ciężki, śmiertelny narkotyk). Żeby mieć na towar, zaczął wynosić z domu pieniądze, przedmioty. Doszło do tego, że zabrał komputer. Był on narzędziem pracy ojca, którego jako niezbyt zamożnego człowieka nie stać było na zakup nowego. Mężczyzna stracił możliwość zarobkowania; przyszedł do mnie, płacząc: „Co mam zrobić? Syn mnie okrada, wynosi mój dorobek życia. Czy mam to zgłosić na policję?". Oczywiście powiedział to w przypływie emocji, a ja...

Odpowiedziałeś: „Tak".

Jako terapeuta nie mogłem tego powiedzieć, więc tylko zaproponowałem: „Przeanalizujmy to. Zobaczmy plusy i minusy". Ojciec uświadomił sobie, że gdy ktoś bierze najcięższe narkotyki, to praktycznie przy każdej iniekcji zagrożone jest jego życie. W tym świetle pobyt jego syna w zakładzie karnym może być z jednej strony największym upadkiem, stratą, demoralizacją, ale jednocześnie w jakimś stopniu szansą na przeżycie, jeśli w więzieniu nie uda mu się załatwić narkotyku. Więc ojciec zgłosił kradzież na policję. Miał straszne wątpliwości, ogromne poczucie winy, a mimo to podjął tę trudną decyzję. Sam. Ja mu tylko pomogłem rozważyć różne warianty. Oczywiście najlepszym rozwiązaniem byłoby, gdyby sędzia zastąpił więzienie ośrodkiem, co czasami sądy robią. W tym wypadku jednak chłopak był tak zdemoralizowany, kompletnie nie chciał się leczyć, że prawdopodobnie z ośrodka by uciekł. Pomysł ojca, aby zadenuncjować syna, okazał się skuteczny, bo chłopak po rocznym pobycie w zakładzie karnym, po wyjściu na wolność nie wrócił do narkotyków. Wyjechał do Anglii. Pracował na zmywaku, był kelnerem, zamiatał ulice. Poznał smak ciężkiej pracy. Zakochał się w dziewczynie z Polski i razem wrócili do kraju; kupili mieszkanie, mają dzieci, na święta wysyła mi SMS-y.

A co było stratą w twoim życiu? Co spowodowało, że zapragnąłeś się leczyć?

Największą stratą było to, że o moim ćpaniu, o moim upadku dowiedzieli się moi rodzice, rodzina, koledzy z drużyny; że legł w gruzach mój wizerunek sportowca. Upadkiem dla mnie było to, że w lodówce, obok przygotowanej na śniadanie kanapki dla mojego ojca, leżała zawinięta w folię strzykawka z towarem na następny dzień. To była moja katastrofa, to było moje dno. Ale zawsze jest to bardzo indywidualna kwestia. Może nam się wydawać, że ktoś, kto wylądował jako bezdomny na ulicy, osiągnął dno. Jednak tak być nie musi.

Mam teraz przed oczami Andrzeja, lat 24, mama prawnik, tatuś lekarz. Każde z nich chciało, aby syn poszedł w jego ślady. Z tego powodu w domu były ciągłe awantury. A on marzył o założeniu kapeli metalowej. Brak akceptacji ze strony rodziców, ich wzajemny konflikt, no i chłopak zaczął brać narkotyki. Klasyczny przypadek – znalazł akceptację w grupie rówieśniczej skoro nie miał jej w domu. Rodzice trafili do mnie. Nie zapomnę awantur między nimi. Na początku przychodzili bez chłopaka. Wcześniej byli już u jakiegoś terapeuty, który im doradził, żeby wyrzucili syna z domu. Skoro w domu miał wikt i opierunek, zawsze jakieś pieniądze i nie tylko swój pokoik, ale całe piętro w willi, to wyeksmitowany – powinien zatęsknić za tym ciepełkiem.

Bo to będzie dla niego stratą?

Tak. Z zasady jest to logiczne. Tylko że chłopak z powodu piekła w domu miał go tak serdecznie dosyć, że dla niego to wyrzucenie było uwolnieniem z łańcucha. Wylądował na ulicy i świetnie się tam odnalazł.

I co dalej?

Nie żyje. Został zamordowany przez biznes narkotykowy, bo nie spłacił długów.

Ale znam inny przypadek. Chłopak też został wyrzucony z domu, i też to nie zadziałało, bo nie pragnął do niego wrócić. Przez kilkanaście miesięcy nurzał się w błocie branży narkotykowej. Trafił do aresztu, przez jakiś czas był zatrzymany. Gdy go uniewinniono, wylądował w ośrodku. Kiedy z niego wyszedł, wyjechał z Polski. Przestał ćpać, ma rodzinę i swoją firmę. A z rodzicami do tej pory nie utrzymuje kontaktów.

Więc bywa różnie.

Podałeś przykład chłopaka uzależnionego od ciężkich narkotyków, w tym mefedronu, tymczasem w społeczeństwie funkcjonuje podział na narkotyki i dopalacze.

Podział na dopalacze i narkotyki jest nieprawidłowy, ponieważ przeciętnemu człowiekowi, a głównie młodym ludziom, daje poczucie, że dopalacze są bezpieczniejsze.

Bo dopalacze funkcjonują w kontekście: „Dam sobie kopa. Podniosę energię. Tak jak po kawie".

Niestety tak. Mało tego, dopalaczami nazywamy też napoje energetyzujące. To oswaja niebezpiecznie problem, wprowadza do świadomości informację, że dopalacze są tylko lekkim tuningiem sprawności psychomotorycznej, a to nieprawda.

Mamy dopalacze spożywcze, które są dostępne w sklepach jako napoje energetyzujące. Są one bardzo szkodliwe – mimo że legalne. To czysta chemia: sztuczne barwniki, substancje stymulujące, typu guarana, duże ilości cukru lub aspartamu, konserwanty, poprawiacze smaku.

Dopalaczami nazywamy też całą masę chemicznych środków odurzających, o których tak naprawdę nic nie wiemy. Nikt nie ma pojęcia, z czym mamy do czynienia: ani policja, ani naukowcy, ani laboratoria chemiczne, ani – co gorsza – sami konsumenci. Dopalacze są nieprawdopodobnie niebezpieczne, o wiele gorsze od narkotyków, ponieważ nie mamy wiedzy na temat tego, co zawierają. Nie ma testów, nie ma możliwości sprawdzenia, nie ma procedur medycznych na odtruwanie zatrutych nimi ludzi.

A kroplówka? Skoro wypłukuje opiaty...

Ale kroplówka to proces parogodzinny, a w sytuacji, gdy trzeba komuś ratować życie, należy natychmiast podać odtrutkę na substancję, którą się zatruł.

Na przykład ktoś zatruł się heroiną i dostaje Narcan. Narcan, czyli chlorowodorek naloksonu, jest antagonistą opiatów i powoduje, że są natychmiast neutralizowane. Jednak taki odtruwacz można mieć tylko na substancje, które są rozpoznane, które są w grupie narkotyków. Bo – przypomnijmy – wszystkie narkotyki były kiedyś lekami. A tu nagle mamy grupę substancji, które mają identyczny potencjał – również służą do odurzenia się, ogłupienia – ale o których nic nie wiemy. Poza fałszywym przekonaniem, że są bezpieczne. I ofiarą tego myślenia padają całe rzesze młodych ludzi, jak również moich starych pacjentów, którzy kiedyś uzależnieni od heroiny czy marihuany, przestali ćpać, a teraz sięgnęli po dopalacze. Z ciekawości. Tak jak mój pacjent Ryszard, który wyszedł z uzależnienia, założył rodzinę, normalnie funkcjonował. Zadzwonił do mnie, umówiliśmy się na spotkanie. Okazało się, że nie chcąc sięgać po narkotyki, zaczął próbować mefedronu. Cytuję jego słowa: „Robert, to jest ścierwo, które łączy w sobie działanie amfetaminy i heroiny!".

Przychodzi do ciebie na terapię?

Jest w ośrodku. Nie było szans na powodzenie terapii ambulatoryjnej. Nie był w stanie wytrzymać bez mefedronu dwóch godzin. W jego przypadku było to dużo silniejsze uzależnienie niż od znanych tzw. ciężkich narkotyków. Mefedron nieprawdopodobnie silnie uzależnia i nieprawdopodobnie silnie degeneruje. Bardzo ciężko się mefedronowców leczy. Ambulatoryjnie jest to prawie niemożliwe. Zaburzenia neurologiczne na głębokim poziomie zmian są tak silne, że utrudniają, a czasami nawet uniemożliwiają odstawienie bez detoksykacji szpitalnej. Z terapią można wkroczyć dopiero po detoksie. Problem mefedronu i grupy tzw. dopalaczy psychostymulujących jest w tej chwili ogromnym wyzwaniem dla nauki.

Niestety dopalaczy próbuje coraz więcej ludzi. Bo w powszechnej świadomości to nie są narkotyki. To są „tylko" dopalacze. To są jednak aż dopalacze! Używa się ich w kontekście chwilowego poprawienia nastroju, ale konsekwencje są tragiczne.

Powinniśmy zdawać sobie sprawę z tego, że każde sięgnięcie po substancję zmieniającą świadomość, pobudzającą lub euforyzującą - może to być nawet kawa, herbata, coca cola czy guarana, która występuje w niektórych napojach energetyzujących - powoduje efekt rycia rowka, czyli mózg zapamiętuje przyjemne stany, kodując je w pamięci na poziomie ciała migdałowatego.

Wiele osób mówi, że uzależniło się od kawy...

Ja bym tym słowem nie szafował. Samo odczuwanie przyjemności i dążenie do niej przez konsumpcję jakiejś substancji nie musi być uzależnieniem. Bo uzależnienie jest wtedy, kiedy zaczynają się straty. W życiu zawodowym, rodzinnym, społecznym.

Przecież narkoman może być uzależniony od roku i jeszcze nie mieć strat.

To może być etap używania lub nadużywania. Sam zainteresowany nigdy nie zdiagnozuje swojego problemu. Może to zrobić tylko ktoś bliski lub ważny: żona, mąż, dziecko, przyjaciel, czy nawet pracodawca. To dobry moment, żeby o tym powiedzieć – nie jest tak, że każdy, kto spróbuje narkotyku czy jakiejkolwiek innej substancji, od razu po jednym seansie staje się uzależniony. Grubas nie staje się nim nagle po jednej czekoladce. Nie następuje wielkie bum! – i oto jestem wielkim tłuściochem.

Trochę teorii. W diagnostyce uzależnień wyróżniamy następujące etapy: najpierw jest faza niebrania, czyli nieużywania, o której większość z nas zapomniała, że kiedyś takowa była (ale są też ludzie, którzy nigdy nic nie brali – nigdy nie palili papierosów lub nigdy nie pili alkoholu, bo do niczego tych substancji nie potrzebowali). Później jest faza eksperymentowania – najtrudniejsza do leczenia, ponieważ w tej fazie nie ma absolutnie żadnych strat. Ktoś, kto eksperymentuje, nie ma świadomości, że kontakt z używkami może być dla niego zagrożeniem. Potem jest faza używania – bycia konsumentem: czerwone wytrawne, białe Chardonnay, joint raz na dwa tygodnie, koksik na imprezie raz na trzy miesiące. Część konsumentów przechodzi w fazę nadużywania, w której zaczynają pojawiać się pewne niepokojące symptomy, głównie z obszaru relacji społecznych, dochodzące ze strony bliskich. Im więcej ludzi wokół nas, im bardziej jesteśmy prospołeczni, tym większa szansa, że ktoś coś zauważy. Dlatego dla mężczyzny zbawiennym jest mieć żonę, która jest takim darmowym audytorem zewnętrznym. Dziękujmy więc wszystkim kobietom, które nam mówią: „Chłopie, co się z tobą dzieje?!".

I w drugą stronę. Gdy słyszymy: „Kobieto, zastanów się!". Nie zapominajmy, że problem dotyczy obu płci.

Fakt. Pamiętajmy również, że jeden uzależniony w rodzinie powoduje, że choruje cała reszta – ze wszystkimi kuzynami i pociotkami włącznie. I, niestety, ta choroba nie kończy się wraz ze śmiercią alkoholika czy narkomana, lecz przechodzi na kolejne pokolenie. Dzieci nie postępują tak, jak im rodzice karzą, tylko tak, jak pokazują.

Mam pacjenta, którego żona umarła z przedawkowania narkotyków. Wychowuje nastoletnią córkę i nie chce przekazać córce złego obrazu jej matki. Dla niego to wielki problem, ponieważ żona, która była narkomanką i alkoholiczką, na dodatek okradała go i zdradzała. I co ma zrobić ten facet? Jak ma ten obraz zmienić (głównie dla dziecka, nie dla siebie)? Najprościej jest mu powiedzieć: „Musisz wybaczyć!", bo życie w nienawiści do kogoś, kto nas skrzywdził, a kogo się bardzo kochało, jest bardzo wyniszczające. Lecz nie tak łatwo to zrobić, ponieważ wybaczenie jest mozolnym procesem terapeutycznym, czasami trudniejszym od wychodzenia z nałogu.

Narkoman krzywdzi siebie, powoli tracąc wszystko i wszystkich, ale można powiedzieć, że trudno, to jego problem, ma go na własne życzenie. Najgorsze jest to, że ktoś go kocha, ktoś go lubi, ktoś chce z nim być, ktoś chce się nim opiekować. Może ktoś go potrzebuje? Jest cały wianuszek osób różnej płci, dla których jest ważny. I ten człowiek unieszczęśliwia swoim brakiem empatii całą orbitę osób wokół siebie. Cała gromada ludzi wokół ćpuna cierpi. A człowiek powinien brać odpowiedzialność nie tylko za to, co czuje i myśli o innych ludziach, ale również za to, jak na nich wpływa.

# 14 Oswoić narkomana

## Czy mówisz pacjentom o swoim uzależnieniu?

To zależy od kontekstu. Nie czynię z tego argumentu mającego poprawić mój wizerunek: „Zobacz, jaki jestem mądry! Wyszedłem z nałogu ponad 20 lat temu i proszę, w jakim miejscu teraz jestem!". Jeśli miałbym takie intencje, to znaczyłoby, że nie jestem mądry, lecz że jestem idiotą. Natomiast jeżeli pacjent mnie spyta: „Czy pan kiedyś brał?", to przecież nie mogę tego faktu ukrywać. Wtedy odpowiadam: „Tak, mam doświadczenie z narkotykami. Czy to jest dla ciebie ważne? Chcesz o tym rozmawiać?". Tak można, ale żeby budować relacje na zasadzie: „Jestem dobrym terapeutą, bo ja również ćpałem", to jest to kompletna bzdura.

Sam fakt posiadania doświadczeń nie czyni z nas lepszych specjalistów. A wręcz nam to utrudnia. Oczywiście, z teoretycznego punktu widzenia może się wydawać, że pacjent terapeucie z własną historią bardziej zaufa. To jest dobry aspekt, ponieważ zaufanie w gabinecie to warunek konieczny; jednak to nie wystarcza, żeby skutecznie pomóc uzależnionemu pacjentowi. Istnieje niebezpieczeństwo, pokusa, że terapeuta neofita będzie swoim doświadczeniem zabierać przestrzeń, że będzie się włączał mechanizm przeciwprzeniesienia, czyli ryzykownego filtrowania doświadczenia pacjenta przez własne filtry percepcyjne, co ogranicza świeżość spojrzenia na przypadek pacjenta, a tym samym może ograniczać skuteczność udzielanej pomocy. Moje doświadczenie może być przydatne dla pacjenta wtedy, jeżeli on stwierdzi, że go to interesuje, jeżeli chce się czegoś na ten temat dowiedzieć, i sam o to poprosi.

Nie porównujmy się z innymi. Nie starajmy się sądzić, że to, co dla nas jest dobre czy złe, dla innych jest takie samo. To, co dobre dla Amerykanów, Europejczyków, nie musi być takie dla Afrykańczyków czy Azjatów. Próba ujednolicania metod jest najgorszą rzeczą, jaka się może trafić i w geopolityce, i w psychologii. Właśnie z tego powodu testy psychologiczne stosowane np. w USA są nieprzydatne w Polsce (bo powinny przejść formułę dostosowawczą do naszych realiów). Wynikają z tego przeróżne perturbacje, czego dowodem są np. testy na inteligencję Wechslera lub MMPI (Minnesota Multiphasic Personalisty Inventory), które stosowano u nas przez wiele lat bez akredytacji i dostosowania, jedynie w wersji amerykańskiej. Korzystano z nich m.in. w procesach sądowych, orzekając wyroki, które teraz można by śmiało podważyć.

Dlatego nigdy nie uznałbym, że to, co mnie pomogło przy wychodzeniu z narkotyków, pomoże mojemu pacjentowi. Sam fakt, że przeszliśmy jakąś drogę, nie oznacza, że widzieliśmy to samo. Świetnie ilustruje to wschodnia anegdota o mistrzu i jego czterech niewidomych uczniach, których wysłał w świat, żeby sprawdzili, jak wygląda słoń. Jeden z nich, spotkawszy słonia, dotknął jego nogi, drugi - ogona, trzeci - uszu, a czwarty - trąby. Opowiedzieli mistrzowi o swoim doświadczeniu. Każdy mówił co innego, a wszyscy mówili prawdę.

Niewidomy uczeń jest idealną metaforą osoby wychodzącej z uzależnienia, ponieważ tak samo jest z budowaniem na nowo swojej tożsamości, z konstruowaniem siebie jako ozdrowieńca. Nie ma dwóch takich samych dróg.

A co było najtrudniejsze na twojej drodze?

Przyjęcie do wiadomości, że każda substancja psychoaktywna (obojętnie, czy pochodzenia roślinnego czy chemicznego), służąca do zmiany świadomości, do zmiany parametrów funkcji życiowych (ciśnienia, percepcji), używana regularnie jest dla mnie zagrożeniem. Długo żyłem w poczuciu, że heroina jest zła, ale alkohol jest dobry. Potem wszedłem w etap: alkohol jest zły, ale marihuana jest dobra. Kolejnym była faza: marihuana jest zła, ale leki z apteki są bezpieczne.

Mamy ten problem, że dzielimy odurzanie się na pewne kategorie, na szufladki: alkoholizm, narkomania, lekomania, dopalacze. To wszystko jest ten sam pies! Człowiek nie uzależnia się od proszku, który wciąga lub wstrzykuje po rozpuszczeniu w łyżce wody nad świecą, od dymu, który aplikuje sobie do płuc, czy od płynu, który wprowadza do żołądka. Człowiek uzależnia się od przyjemności. Jesteśmy zaprogramowani na poziomie genetycznym, uwarunkowani podprogowo, żeby ją odczuwać i ciągle jej szukać. I tego zmienić nie możemy. Możemy jednak dokonywać wyboru przyjemności i wpływać na ich intensywność oraz częstotliwość.

Przyjemność nas nakręca. Wstajemy rano i wyruszamy w świat zewnętrzny te przyjemności zbierać. Ktoś powie: „Chwileczkę, gdzie tu przyjemność, skoro jadę do pracy?!". Otóż praca jest niezmierzonym gejzerem przyjemności. Bo jeżeli sama czynność nie jest czymś, co nas porywa, czyni szczęśliwymi, to przyjemne są jej konsekwencje w postaci honorarium czy satysfakcji z osiągnięcia celu.

Tak naprawdę głównym powodem, dla którego chcemy brać narkotyki lub uciekać w hazard, seks, zakupy, jest chęć rozluźnienia się lub pragnienie odcięcia. Nasz mózg zawsze wcześniej czy później wyśle komunikat: „Rozluźnij się!". Zrobi to, bo człowiek współczesny, czyli *homo smartfonikus*, jest w stanie permanentnego pobudzenia: stresujący poranek, stresująca podróż do pracy, stresująca praca, stresujące newsy w telewizji i w sieci. Cały czas jesteśmy poddawani działaniu kortyzolu i adrenaliny, czyli neurohormonów, które mózg wydziela, abyśmy sprawniej pokonywali wszystkie przeszkody dnia powszedniego. Te substancje napinają ścięgna i mięśnie, abyśmy sprawniej realizowali atawistyczny przekaz: „Walcz albo uciekaj". Częściej walczymy, więc podwyższony poziom stresu pomaga nam aktywniej pracować nad realizacją wytyczonych celów.

Mózg pomaga przetrwać trudne chwile, ale w końcu mówi: „Dość! Musisz się odprężyć!". A człowiek dokonuje wyboru, jak to zrobić. I co wybiera jako dyżurny leń we wszechświecie? Oczywiście skrót chemiczny, bo pobieganie, popływanie, gimnastyka wymagają wysiłku, przełamania skryptu – trzeba wstać i zmęczyć się fizycznie. Wolimy poleżeć bez ruchu, co powoduje pojawienie się implozji, czyli efektu braku spalenia energii podtrzymującej nas w aktywności. Jesteśmy wtedy w stanie ciągłego pobudzenia, również gdy śpimy, a już szczególnie pobudzeni są ci, którzy na tzw. rozluźnienie wybiorą wino, piwo, jointa lub telewizję, dlatego że w nocy zamiast odpoczywać, organizm trawi chemię zaaplikowaną dla pozornej przyjemności, a obrazy i treści, zassane z niezbyt ambitnych mediów, przez wiele godzin buzują w mózgu, bezproduktywnie go pobudzając. Więc po wielu latach takiego funkcjonowania mamy już wyrobione destrukcyjne nawyki i okazuje się, że mamy problem.

To jest dobry moment, żeby powiedzieć, czym różni się abstynencja od trzeźwości. Ja, nawet kiedy miałem okresy abstynencji, nie byłem trzeźwym człowiekiem. Bo nie przestajesz być narkomanem tylko dlatego, że przestajesz brać daną substancję. Przestajesz nim być tylko wtedy, kiedy zmieniasz swoje dotychczasowe życie. Człowiek, który w końcu doprowadzi się do stanu bycia narkomanem, alkoholikiem, hazardzistą, seksoholikiem, to osoba często nieuczciwa, nielojalna, niepunktualna, nieodpowiedzialna. Granica między abstynencją a trzeźwością jest w naszym systemie wartości.

Bardzo wielu pacjentów przychodzi do mnie, konkretyzując swoje oczekiwania w ten sposób, że chcą usunąć ze swojego życia np. alkohol czy kokainę, ale nadal mieć kochanki, chodzić do burdelu, robić lewe interesy, oszukiwać pracodawcę, nie płacić podatków itd. Tymczasem każda osoba, która chce naprawdę wyjść z uzależnienia, musi w swoim życiu posprzątać. Używam takiego porównania – żyjesz w mieszkaniu, które wygląda jak melina: zgniła podłoga, odpadające tynki, grzyb, rozwalające się meble, mnóstwo niepotrzebnych przedmiotów, więc najgłupszym pomysłem, żeby je zmienić, jest wniesienie do tego mieszkania nowych mebli. Nie ma szans, aby to dobrze wyglądało! Najpierw trzeba zrobić generalny remont: zerwać podłogę, skuć tynki, wymienić instalacje. Wszyscy wiedzą, że remont generalny jest kosztowny i długotrwały; tymczasem ludzie czasami próbują pozbyć się swoich dokuczliwych uzależnień, kompletnie nic nie sprzątając w sobie i wokół siebie.

Więc jak można posprzątać w swoim życiu?

Najbardziej rozpowszechniona na świecie jest technika sprzątania swojego życia według modelu Minnesota. Jednym z jego istotniejszych elementów jest program 12 kroków, stosowanych jako etapy wychodzenia z nałogu np. w grupach Anonimowych Alkoholików. Formuła ta została wymyślona w 1935 roku przez dwóch alkoholików: Roberta Holbrooka Smitha i Williama Griffitha Wilsona. Jest mocno oparta na duchu odnowy chrześcijańskiej, co wielu osobom uzależnionym bardzo przeszkadza, bo nie potrafią przyjąć ze spokojem interpretacji słowa „Bóg" jako wartości, którą każdy może dowolnie pojmować.

Tym ludziom można polecić tzw. humanistyczną wersję 12 kroków według amerykańskiego psychologa B.F. Skinnera, gdzie nie występuje słowo „Bóg". Natomiast blokowanie się na obecność terminu „Siła Wyższa", który pojawia praktycznie na każdym mityngu jest poważnym ograniczeniem utrudniającym korzystanie z wielu narzędzi psychologicznych, które są dostępne na grupie wsparcia, jaką są mityngi AA. Celem naszej obecności na każdej grupie terapeutycznej, czy też grupie wsparcia są nie spory ideologiczne, nie konieczność przekonywania kogokolwiek do swoich racji, ale wspólny cel, jakim jest trzeźwość. Mogę nie wierzyć w Boga, ale dlaczego ma mi to blokować dostęp do wspaniałej formuły jaką są mityngi AA. W setkach tysięcy miejsc na całym świecie odbywają się po kilka razy dziennie spotkania AA (anonimowi alkoholicy), AN (anonimowi narkomanii), AH (anonimowi hazardziści), AS (anonimowi seksoholicy) itd. Możesz się modlić jako katolik lub medytować jako buddysta, ale tak naprawdę próbujesz korzystać z tego samego narzędzia, którym jest twoja własna siła wyższa, często bardzo głęboko schowana, ale istniejąca w każdym, choćby najbardziej pogubionym człowieku. Każdy z nas z niej może korzystać, wierzący i niewierzący. Nie tylko katolicy, ale również filozofowie, czy psychologowie przyznają, że człowiek jest z gruntu dobry. Tę dobroć, przede wszystkim wobec samego siebie, należy tylko wydobyć na powierzchnię naszej świadomości. Być dobrym dla samego siebie to umiejętność, której bardzo trudno, wbrew pozorom, jest się nauczyć.

**12 kroków w wersji klasycznej, najbardziej rozpowszechnionej:**

1. Przyznaliśmy, że staliśmy się bezsilni wobec alkoholu – że przestaliśmy kierować własnym życiem.
2. Uwierzyliśmy, że Siła większa od nas samych może przywrócić nam zdrowy rozsądek.
3. Postanowiliśmy powierzyć naszą wolę i nasze życie opiece Boga, jakkolwiek Go pojmujemy.
4. Zrobiliśmy gruntowny i odważny obrachunek moralny.
5. Wyznaliśmy Bogu, sobie i drugiemu człowiekowi istotę naszych błędów.
6. Staliśmy się całkowicie gotowi, aby Bóg uwolnił nas od tych wszystkich wad charakteru.
7. Zwróciliśmy się do Niego w pokorze, aby usunął nasze braki.
8. Zrobiliśmy listę wszystkich osób, które skrzywdziliśmy i staliśmy się gotowi zadośćuczynić im wszystkim.

9. Zadośćuczyniliśmy osobiście wszystkim, wobec których było to możliwe, z wyjątkiem tych przypadków, gdy zraniłoby to ich lub innych.
10. Prowadziliśmy nadal obrachunek moralny, z miejsca przyznając się do popełnianych błędów.
11. Dążyliśmy poprzez modlitwę i medytację do coraz doskonalszej więzi z Bogiem, jakkolwiek Go pojmujemy, prosząc jedynie o poznanie Jego woli wobec nas oraz o siłę do jej spełnienia.
12. Przebudzeni duchowo w rezultacie tych kroków, staraliśmy się nieść to posłanie innym alkoholikom i stosować te zasady we wszystkich naszych poczynaniach.

Na początku drogi ku trzeźwości, ku byciu dobrym dla siebie samego i dla swoich najbliższych, ku miłości wobec bliźniego, człowiek nie ma żadnego scenariusza postępowania, żadnego regulaminu, który by ułatwił stawianie pierwszych i kolejnych kroków.

Należy zatem podeprzeć się wskazówkami, które podają nam na tacy inni. Ci „inni" to może być terapeuta, trener personalny, kolega z grupy wsparcia (tzw. sponsor), przewodnik duchowy (tzw. mistrz), czy ksiądz. Warto czerpać z mądrości narodów. Tekstem mogącym być pomocnym, który na pewnym etapie mojej przemiany towarzyszył mi non stop, bo nosiłem go na kartce cały czas przy sobie, była Desiderata z 1927 r., poety Maxa Ehrmanna:

*Krocz spokojnie wśród zgiełku i pośpiechu – pamiętaj jaki pokój może być w ciszy. Tak dalece jak to możliwe nie wyrzekając się siebie, bądź w dobrych stosunkach z innymi ludźmi. Prawdę swą głoś spokojnie i jasno, słuchaj też tego co mówią inni, nawet głupcy i ignoranci, oni też mają swoją opowieść. Jeśli porównujesz się z innymi możesz stać się próżny lub zgorzkniały, albowiem zawsze będą lepsi i gorsi od ciebie.*

*Ciesz się zarówno swymi osiągnięciami jak i planami. Wykonuj z sercem swą pracę, jakakolwiek by była skromna. Jest ona trwałą wartością w zmiennych kolejach losu. Zachowaj ostrożność w swych przedsięwzięciach – świat bowiem pełen jest oszustwa. Lecz niech ci to nie przesłania prawdziwej cnoty, wielu ludzi dąży do wzniosłych ideałów i wszędzie życie pełne jest heroizmu.*

*Bądź sobą, a zwłaszcza nie zwalczaj uczuć: nie bądź cyniczny wobec miłości, albowiem w obliczu wszelkiej oschłości i rozczarowań jest ona wieczna jak trawa. Przyjmuj pogodnie to co lata niosą, bez goryczy wyrzekając się przymiotów młodości. Rozwijaj siłę ducha by w nagłym nieszczęściu mogła być tarczą dla ciebie. Lecz nie dręcz się tworami wyobraźni. Wiele obaw rodzi się ze znużenia i samotności.*

*Jesteś dzieckiem wszechświata, nie mniej niż gwiazdy i drzewa, masz prawo być tutaj i czy jest to dla ciebie jasne czy nie, nie wątp, że wszechświat jest taki jaki być powinien. Tak więc bądź w pokoju z Bogiem, cokolwiek myślisz i czymkolwiek się zajmujesz i jakiekolwiek są twe pragnienia: w zgiełku ulicznym, zamęcie życia, zachowaj pokój ze swą duszą. Z całym swym zakłamaniem, znojem i rozwianymi marzeniami ciągle jeszcze ten świat jest piękny. Bądź uważny, staraj się być szczęśliwy.*

Reasumując: warto sprzątać w dowolny sposób, zaprzęgając do tej czynności narzędzia religijne, filozoficzne czy jakiekolwiek inne, byle służyły one danemu człowiekowi i nie szkodziły innym. Czasami jest to naprawdę potwornie trudne i wymaga wielu wyrzeczeń.

A który krok był najtrudniejszy dla ciebie?

Dziewiąty. Minęło kilka lat, zanim odważyłem się opowiedzieć synowi Mateuszowi o moich trudnych doświadczeniach. Długo się wahałem, długo czekałem. On nigdy nie widział mnie w stanach jednoznacznych. Kiedy u mnie zamieszkał, ja już byłem w pionie. O moim uzależnieniu wiedziało zresztą niewiele osób. Wtedy jeszcze nie mówiłem o tym w mediach. To była moja tajemnica. Ale wiedziałem, że musi się tego dowiedzieć ode mnie. Nie można przeszłości skasować, wymazać, przykryć kolorową kołderką współczesnych atrakcyjności. Nie chciałem mieć tzw. trupów w szafie. Hołduję zasadzie, że tylko prawdziwi twardziele potrafią się przyznać do swoich słabości.

Do rozmowy przygotowywałem się chyba z rok. Nie wiedziałem, czy Mateusz jest gotów na przyjęcie prawdy. Zastanawiałem się, jakich słów użyć, próbowałem wyobrazić sobie jego reakcję. Było mi trudno, ale zrobiłem to. Po tej rozmowie zmieniła się nasza relacja. Na korzyść. Jesteśmy ze sobą bardzo mocno związani.

A jak posprzątać w naszej głowie skrypty? Jak zasypać ten wyryty w mózgu rowek? Powiedziałeś, że potrzebowałeś dziesięciu lat pracy, żeby święta przestały ci się kojarzyć z głodem narkotykowym.

Nie da się zasypać rowka. Nie ma możliwości zmiany „kopułki", czyli mózgu. To jest wyryte na stałe, można by rzec – na wieczność. Jedyne, co możemy i musimy zrobić, to stary, zły nawyk zastąpić nowym, dobrym, bardziej odczuwalnym przez ośrodek przyjemności w naszym mózgu. Odstawienie narkotyków jest odbierane przez mózg jak zabranie ulubionej zabawki dziecku. Co dziecko wtedy robi? Wrzeszczy i tupie nogami. Narkoman zachowuje się podobnie – buntuje się i oczekuje zastępczych, nowych przyjemności, które mogą stać się nowymi nawykami.

We współczesnych modelach pomagania narkomanom jest pewien problem, ponieważ głównie stosuje się terapię odwykową, czyli zabiera się substancję, i sobie człowieku żyj! Funkcjonuj na tym gigantycznym napięciu. Próbuj rozkoszować się opresyjnością państwa, ZUS-em, skarbówką, pochrzanionym szefem, sfrustrowaną żoną, niewdzięcznymi dziećmi. Próbuj to wszystko wytrzymać bez substancji, która była twoim kombinezonem ochronnym, kołderką! Czasami człowiek autentycznie nie jest w stanie tego znieść. Ludzie po iluś miesiącach, nawet latach abstynencji po prostu nie wytrzymują i wracają do obsesji, którą mają wklepaną w mózgu na stałe. Dlatego niektórzy mówią, że narkomanem, alkoholikiem, hazardzistą jest się do końca życia. Otóż nie. Po prostu na miejsce tych nawyków muszą się pojawić nowe – również związane z przyjemnością, tyle że innego rodzaju.

Ja, będąc przed laty zdiagnozowanym alkoholikiem, nie jestem abstynentem. Piję alkohol. Tylko że alkohol stał się dla mnie mało atrakcyjny, ponieważ ucieczkowe przyjemności chemiczne (alkoholowe czy narkotykowe) zastąpiłem nowymi – działaniami sportowymi, hobbystycznymi czy pasją związaną z podróżowaniem, odkrywaniem siebie przez poznawanie nowych miejsc.

Ktoś, kto przeszedł terapię nawykową i umie wyznaczyć sobie cel, straci zainteresowanie chemią podawaną z zewnątrz. Moim celem jest przejechanie motocyklem przez Skandynawię. Wiem, że aby go osiągnąć, powinienem przygotować się fizycznie, mentalnie, finansowo. Nie mogę więc pozwolić sobie na jakieś idiotyczne seanse alkoholowe czy niedbanie o swoje zdrowie. Nie jest to takie trudne, jak może się wydawać, bowiem jeżeli czynność, którą można by zakwalifikować jako niebezpieczną dla naszego zachowania czy naszej rodziny, staje się zachowaniem utrudniającym osiągnięcie celu nadrzędnego, to zostaje ona wyrugowana na poziomie nieświadomości. Nasz mózg działa wtedy jak GPS w samochodzie. Wprowadzasz cel, a jeśli pojedziesz inną drogą niż zaplanowana, non stop słyszysz: „Zawróć! Jedziesz źle!".

Jak mówiłem, nie jestem abstynentem, ale kiedy na spotkaniu z przyjaciółmi pojawia się alkohol, bez problemu odmawiam. Bo mój wewnętrzny GPS przypomina mi, że jutro będę jeździć na motocyklu, biegać lub się wspinać, a przecież wiadomo, że nawet mała ilość alkoholu zatruwa na wiele godzin organizm aldehydem kwasu octowego, zmniejszając jego sprawność. Jest mi o tyle łatwiej, że jestem byłym sportowcem. A każdy były zawodnik pamięta, co się z nim dzieje, gdy zafunduje sobie porządny wycisk. Wystarczy odgrzebać zakodowaną w głowie sportową chęć zwycięstwa, sportowe wkurzenie.

Po naszej wczorajszej rozmowie przebiegłem siedem kilometrów. Po powrocie do domu trząsłem się z rozkoszy. Endorfiny i fala dopaminy, które zalały mój mózg, zrobiły swoje, a ja czułem się jak po wspaniałym seksie. Jestem toksykomanem, eksheroinistą, który doświadczał różnych chemicznych rozkoszy, ale ta frajda wynikająca z biegania, z realizowania jakiejkolwiek pasji przewyższa wielokrotnie przyjemność, której możemy doświadczyć, gdy sięgamy po używki. Bo potem nie pojawia się poczucie winy. Biegam regularnie od 10 lat; dla urozmaicenia korzystam z roweru, pływania, siłowni. Moje dystanse to 5–10 kilometrów. Maraton mnie nie interesuje. Nie potrzebuję sobie niczego udowadniać. Już nie muszę.

Jest taka zasada: jeśli będziesz aktywny fizycznie przynajmniej raz dziennie przez pół godziny, nie ma opcji, żebyś się od czegoś uzależnił. Chyba że uzależnisz się od biegania. Bo miałem pacjentów, którzy z biegania zrobili bożka. Jeśli z powodu biegania przestanę przychodzić do pracy, przełożę wizytę pacjenta, odwołam kolację z żoną – to znowu rozmawiamy o zachowaniu destrukcyjnym.

Wysiłek fizyczny powoduje wydzielanie lawiny neurohormonów, które w działaniu przypominają narkotyki takie jak: heroina, kokaina czy amfetamina. Nasze wewnętrzne, produkowane przez mózg odpowiedniki, to: dopamina, noradrenalina, serotonina oraz najbardziej znane endorfiny. Jest jednak pewien warunek, aby sport był czynnikiem chroniącym – musi wystąpić pragnienie i wiara w słuszność tego, co robię. Ja, będąc reprezentantem Polski w koszykówce, zanurzyłem się w otchłań narkotyków, gdyż straciłem wiarę w sport, w sens jego uprawiania. Wykonywanie pewnych czynności mechanicznie uniemożliwia czerpanie z nich przyjemności. To dotyczy sportowca, kierowcy, polityka, lekarza. Nie będę dobry w swoim zawodzie, swojej pasji, jeśli stracę wiarę w sens tego, co robię. Szukamy przyjemności w tym, co robimy. To atawizm.

To znaczy, że wszyscy jesteśmy uzależnieni.

Na poziomie chemii mózgu – tak. To pokazuje, że ludzie nie dzielą się na narkomanów i nienarkomanów, a tylko w różny sposób zaspokajają tę atawistyczną potrzebę bycia na haju. Ale wszystko możemy trzymać w ryzach. To zależy tylko od nas – od tego, czy mamy na to ochotę i potrzebę. Dlatego warto się siebie uczyć. Prowadzę w różnych miejscach, np. w zaborczych, toksycznych korporacjach, wykłady pod tytułem: „Zarządzanie przyjemnościami podstawową umiejętnością każdego menedżera". To jest element sztuki życia.

Jak żyć? Ilustruje to zasada czterodziurkowego guzika (bo taki najmocniej się trzyma i staje się gwarantem możliwości „zapięcia czegoś na ostatni guzik"). Pierwsza dziurka to „ja" i moje zaangażowanie w sprawy zawodowe, dziurka druga, to „ja" i moja aktywność w sferze społecznej. Wszystkie bale dobroczynne, fundacje, pomaganie słabszym, to realizacja potrzeby bycia dobrym. Dziurka trzecia, to moja fizyczność i duchowość, czyli dbanie o siebie, a najważniejsza dziurka czwarta, to rodzina, czyli fundament. To najprostsza odpowiedź.

# Spis treści

Książkę wydrukowano na papierze
Ecco Book Cream 2.0 60 g/m$^2$
z oferty Antalis Poland

antalis

www.antalis.pl

Warszawskie Wydawnictwo Literackie
MUZA SA
ul. Sienna 73, 00-833 Warszawa
tel. +4822 6211775
e-mail: info@muza.com.pl

Dział zamówień: +4822 6286360
Księgarnia internetowa: www.muza.com.pl

Skład i łamanie: MAGRAF s.c., Bydgoszcz
Druk i oprawa: Print Group Sp. z o.o., Szczecin